新农科研究生心理健康教育实践与探索

肖　为　著

中国青年出版社

图书在版编目(CIP)数据

新农科研究生心理健康教育实践与探索/肖为著.
北京:中国青年出版社,2024.12.--ISBN 978-7
-5153-7607-3

Ⅰ.G444

中国国家版本馆 CIP 数据核字第 2025AZ6321 号

新农科研究生心理健康教育实践与探索

作　　者:肖　为
责任编辑:刘　霜　罗　静　邵明田
出版发行:中国青年出版社
社　　址:北京市东城区东四十二条 21 号
网　　址:www.cyp.com.cn
编辑中心:010—57350508
营销中心:010—57350370
经　　销:新华书店
印　　刷:北京联兴盛业印刷股份有限公司
规　　格:710mm×1000mm　1/16
印　　张:10.5
字　　数:143 千字
版　　次:2024 年 12 月北京第 1 版
印　　次:2024 年 12 月北京第 1 次印刷
定　　价:68.00 元
如有印装质量问题,请凭购书发票与质检部联系调换
联系电话:010—57350337

前　言

　　新农科是指知识体系新、学科组织新、人才培养的要求与模式新。新农科建设的核心应该是以新型涉农专业为载体，优化人才培养模式以培养新型人才。新农科建设要求农业硕士知识结构多元化，不仅要培养农业硕士专业知识和技能，也要培养其通用技能，注重对农业硕士多学科知识结构的培养，即培养过程要"多元化"。同时，新农科要求农业硕士培养满足市场需求，这就需要在培养过程中突出农业行业实践能力的培养，即突出"实践性"。

　　心理健康是指个体的各种心理状态保持正常或良好水平，自我内部以及自我与环境之间保持和谐一致的良好状态。研究生教育是最高层次的学历教育，是高等教育中的高端教育。作为现代社会的精英，研究生是具有较高智力、文化和自尊水平的特殊群体。在各类学生群体中，研究生是较为特殊的一群，其生理、心理都有别于其他学生群体。总体而言，研究生生理、心理均趋于成熟稳定。由于研究生群体的年龄跨度较大，不同年龄段的研究生的生理特点、心理发展任务也有所不同。

　　《新农科研究生心理健康教育实践与探索》一书旨在为新农科研究生提供心理健康教育的理论与实践指导。全书共分为七章，第一章简单介绍了新农科与农业研究生教育，第二章从理论层面对研究生心理健康进行了简单研究，第三章针对影响新农科研究生的心理健康的因素展开分析，第四章梳理了研究生心理健康教育的主要方法，第五章和第六章分别介绍了研究生心理危机干预体系的标准化建设、心理健康课程的标准化建设，最后，在第七章中提出了一系列建设性的方案和有益的探索。

笔者在撰写本书的过程中查阅了大量文献，在此向文献作者表示衷心感谢！由于水平有限，书中难免有不足或欠妥之处，恳切希望读者予以批评指正。谢谢！

目　录

第一章 新农科与农业研究生教育

第一节 新农科的概念与内涵

一、新农科

新农科建设是由教育部高等教育司司长吴岩在 2018 年 11 月 13 日的"新时代云南省本科教育工作会议"的讲话中首次提出的。2019 年,新农科建设已奏响"三部曲":"安吉共识"从宏观层面提出要面向新农业、新乡村、新农民、新生态发展的"四个面向"新理念;"北大仓行动"从中观层面推出深化高等农林教育改革的"八大行动"新举措;"北京指南"旨在启动新农科研究与改革实践项目,研究解决新农科"理念怎么新""专业怎么优""人才怎么强""协同怎么联""质量怎么提"等问题。新农科建设重点是用现代科技将传统涉农专业改造升级,重新布局新型涉农专业以适应时代发展新需要。围绕乡村振兴战略,继续深化课程体系与教材、实践教育体系、协同育人机制的改革,为乡村振兴战略实现提供坚实的人力支撑。

新农科的内涵是:知识体系新(原有的传统农业知识体系已不适应未来农业发展的需要,交叉融合的知识进入"新农科"知识体系)、学科组织新(原有的院系专业学科的设置有所欠缺,新兴交叉学科出现将弥补空缺,新农科研究的组织体系更加灵活)、人才培养的要求与模式新(新农科人才需掌握更多智能化知识与技术,在培养方式上将更多应用信息化技术)。新农科建设的核心应该是以新型涉农专业(由传统专业改造升级和新增专业组成)为载体,优化人才培养模式以"培养新型人才"。

二、地方高校

地方高校是相对于中央部(委)所属高校而言,是指隶属各省、自治区、直辖市,大多数靠地方财政提供资金,由地方行政部门划拨经费的普通高等学校,其人才培养面向服务区域经济和社会发展需要。地方高校占国内高等院校总数的比例为95%,作为高等人才培养的主力军,其培养的本科生和研究生占全国总量的比例分别为94%和51%,在数量上占大头的地方高校毕业生,是社会建设的中坚力量;但相比中央部(委)所属高校的财大气粗、资源丰富而言,地方高校在经费和资源分配上面临着严重的僧多粥少的状况。特别需要指明的是,现今中央部(委)所属高校又分为教育部直属高校,包括北京大学、中国人民大学、北京邮电大学等73所高校;部(委)直属高校,包括大连海事大学、中国青年政治学院、中科院大学等26所高校;省属地方高校与教育部共建高校,包括新疆大学、河南大学等80所高校。

据统计,目前招收农业硕士的培养机构共107所,除了中国农业科学院、中国林业科学研究院2所属科研院所外,共有105所高校招收并培养农业硕士研究生。在105所高校中,其中有中国农业大学、吉林大学、北京林业大学等16所部(委)直属高校招收并培养农业硕士研究生,有天津农学院、河北工程大学、内蒙古农业大学等89所地方高校招收并培养农业硕士研究生。在这89所招收并培养农业硕士的地方高校中,既有地方综合性大学,比如广西大学、烟台大学、长江大学等;也有地方师范类大学,比如曲阜师范大学、西华师范大学等;还有地方农林类大学,比如新疆农业大学、中南林业科技大学等。

三、专业学位

学位是学生通过系统的专业学习和考核认定而获得的一种资格、头衔或证明书。[①] 专业学位是一种区别于学术型学位的学位类别,主要是针对特定职业领域,培养具有较强专业能力和职业素养、能够创造性地从事实际工作的高层次应用型专门人才。专业学位具有相对独立的教育模式,以产教融合培养为鲜明特征,是职业性与学术性的高度统一。对于专业学位的属性,不同学者有不同看法。第一种观点:单一特征说。如学者史耀媛认为"职业性"是专业学位研究生教育的本质属性。[②] 第二种观点:双特征说。如美国学者弗莱克斯纳认为"学术性"和"技能性"是专业学位研究生教育的本质属性。[③] 第三种观点:三特征说。如学者刘国瑜认为职业性、学术性和研究性是专业学位研究生教育的三大基本特征。[④] 第四种观点:四特征说。如学者孙国友认为专业学位研究生教育更强调"基于职业,强调实践,注重技能,突出应用"。[⑤] 不同学者关于专业学位属性的不同观点如表1—1所示。

---

① 李海莲.校企合作模式下专业学位研究生的培养路径研究[M].沈阳:辽宁大学出版社会,2019.

② 史耀媛,许克毅.职业化背景下我国专业学位高等教育发展研究[J].中国高教研究,2005(12):19—22.

③ [美]弗莱克斯纳.现代大学论——美英德大学的研究[M].徐辉,陈晓菲,译.杭州:浙江教育出版社,1998.

④ 刘国瑜.论专业学位研究生教育的基本特征及其体现[J].中国高教研究,2005(11):31—32.

⑤ 孙国友.追本溯源:专业学位研究生教育的本质属性探骊[J].研究生教育研究,2016(4):75—79.

表 1−1 专业学位教育属性的论述

类别	学者	观点
单一特征说	史耀媛	职业性
	石中英①	专业性
	袁广林②	应用研究性
双特征说	弗莱克斯纳	学术性和技能性
	史雯婷③	专门的知识属性和独特的职业性
	王菲菲④	精英性和专业性
三特征说	李海莲⑤	专业与职业的紧密衔接性、理论与实践的高度渗透性、知识与技术的集成创新性
	邹碧金、陈子辰⑥	实践性、职业性和综合性
	刘国瑜	职业性、学术性和研究性
四特征说	孙国友	基于职业,强调实践,注重技能,突出应用

从上面的分析中,我们可以看到,在专业学位教育中,"职业性""实践性"和"专业性"的特点被特别强调;进一步地,通过观察某些学者对"研究性""综合性"和"精英性"特质的分析,我们可以发现专业学位具有普遍的教育属性,这与学术学位的教育属性存在某种程度的重合。结合"农业硕士"这一研究对象的特性和专业学位的定义,专业学位的主要特点可以归纳为三个方面:理论教育与实践教育的结合、专业教育与职业资格的衔接以及行业知识与实践问题的应用性研究。

---

① 石中英.论专业学位教育的专业性[J].学位与研究生教育,2007(1):7−11.

② 袁广林.应用研究性:专业学位研究生教育的本质属性[J].学位与研究生教育,2011(9):42−46.

③ 史雯婷.专业学位研究生教育的基本属性探讨[J].学位与研究生教育,2004(10):32−35.

④ 王菲菲.我国专业学位的定位及展望[J].西安社会科学,2011(4):13−16.

⑤ 李海莲.校企合作模式下专业学位研究生的培养路径研究[M].沈阳:辽宁大学出版社会,2019.

⑥ 邹碧金,陈子辰.我国专业学位的产生与发展——兼论专业学位的基本属性[J].高等教育研究,2000(5):49−52.

四、农业硕士

2014年经国务院学位委员会第31次会议审议,决定将农科专业学位正式定名为"农业硕士专业学位"(原暂定名为"农业推广硕士"),并将之前的十五个领域(农业推广硕士领域)合并调整为现在八个领域(涵盖了之前的十五个领域)。农业硕士课程主要针对农业技术的研究、应用、开发和推广,以及农村发展和农业教育等多个企事业单位和管理部门,旨在培养具备全面职业技能的应用型和复合型高级人才。农业硕士的招生群体根据学习模式(全日制与非全日制)划分为两大类:其中一类是在职人员,他们拥有与农业相关的工作经验和实际操作技巧,他们的学习模式通常是非全日制的;还有一种是应届或往届的本科毕业生,他们通常没有与农业相关的工作经验,并且他们的学习通常是全日制的。非全日制与全日制研究生之间的主要差异在于学生来源和学习方法不同,而在其他方面的培训标准和政策上,都是按照国家的规定来执行的。

第二节　新农科的发展理念与路径

2019年,新农科建设已奏响"三部曲":"安吉共识"从宏观层面提出要面向新农业、新乡村、新农民、新生态发展新农科的"四个面向"新理念;"北大仓行动"从中观层面推出深化高等农林教育改革的"八大行动"新举措;"北京指南"旨在启动新农科研究与改革实践项目。"安吉共识""北大仓行动""北京指南"等纲领性文件对农科教育改革指明了方向,对地方高校农业硕士培养模式优化提出了客观要求。

一、培养目标要三性合一且具有地方特色

首先,农业硕士培养目标需突出"复合应用性"。在"安吉共识"文件中明确提到,为了满足新乡村的需求,我们需要与乡村的一、二、三产业融合发展的新标准相结合,努力提高学生的综合实践技能,并培育一群具有

多学科知识和高素质的农林复合型应用人才"。2018年,国务院学位委员会公布了农业硕士专业学位各个领域的人才培养指导方案。在这些农业硕士专业学位的培养目标中,都明确提到了与该领域的工作资格紧密相关的专业学位,主要聚焦于农业领域的技术研究、应用、开发和推广等方面的人才培养。《教育部关于做好全日制硕士专业学位研究生培养工作的若干意见》明确规定,专业学位的实践时间不能少于半年。显然,针对新农科的农业硕士教育目标,我们需要特别强调"复合性"与"应用性"的核心价值观。

其次,农业硕士培养目标需突出"创新性"。"安吉共识"明确表示,新农科的建设应当以新农业为导向,并"专注于提高学生的创新思维、创新技能和科研修养"。在新环境下,农业产业的生产和经营模式正在经历变革。农业硕士在为"三农"提供服务的过程中,将不可避免地面临各种综合性和复杂性的新挑战。因此,作为高级人才的农业硕士研究生需要具备创新思维和创新能力,以便更有效地解决农业生产实践中遇到的各种问题。

再次,农业硕士培养目标需突出"实用性"。针对新一代农民,我们致力于提高学生的生产技巧和经营管理水平,旨在培育一群热爱农业、精通技术并擅长经营的实用农林专才。农业硕士的培训目标是针对"三农"问题,以满足"三农"的实际需求为核心,真正提升农业硕士研究生在农业推广服务方面的技能,并培育出具备"三农"实用技能的高级人才。

最后,农业硕士培养目标需凸显自身特色。正如吴岩司长所指出的,我们鼓励各地方高等教育机构根据自身情况和特色进行发展,因为各学校不能独霸一方。因此,作为一所地方性的高等教育机构,农业硕士人才的培养目标需要根据当地的具体情况来制定,以满足地方农业行业的市场需求,并以促进区域经济和社会发展其核心使命,同时也要突出独特的教育特色。

综上,在新农科建设背景下,农业硕士在培养目标设置上应凸显人才培养的复合应用性、创新性、实用性和地方特色性,重点突出"复合应用性"的价值导向。

二、培养过程要"多元化"且突出"实践性"

在新农科的建设过程中,农业硕士的知识结构需要多样化。这不仅包括专业知识和技能的培养,还涉及通用技能的培养,特别强调农业硕士多学科知识结构的全面发展。也就是说,培养过程需要具有"多元化"的特点"。与此同时,新农科强调农业硕士的培训应满足市场的需求,这意味着在培训过程中要特别强调农业行业的实际操作能力,也就是所谓的"实践性"。

(一)入学形式要灵活且注重实践能力考核

在新农科的背景下,农业硕士研究生的目标是培养那些热爱农学、精通技术、擅长经营的高水平人才。他们不仅能够胜任工作,还能长期留在学校,并且具备多学科知识和农业实践技能。这意味着高等教育机构在农业硕士的入学方式上应具备高度的"灵活性",并更加重视对学生实践能力的评估。在确定学习年限、报考标准和入学考核时,应以地方农业相关行业的需求为核心,根据培训目标来灵活调整入学方式。例如在确定学习年限时,应根据时代的需求来实施灵活的学制安排;在制定农业硕士的报考标准时,必须紧紧围绕"了解农业、热爱农业、理解农业"和"强化实践技能"这些农业硕士的培养特点来设定报考条件;在进行招生考试时,我们需要特别关注考生是否掌握了相关的基础知识和逻辑思维能力,以确保他们适合接受更高层次的教育。同时,我们也应该深入考查考生对农业硕士专业的兴趣、报考的动机以及他们的实际操作技能。因此,新农科农业硕士的入学方式,我们需要采取多种灵活的方式,并在招生时综合考虑多个考核准则,以确保选拔出最优秀的学生。

(二)课程体系要面向多学科交叉融合

在新农科的背景下,农业硕士的课程结构应当展现出"跨学科"的特点,这正是当代对农业硕士的期望和任务。农林教育的诞生和壮大是高等教育为适应社会进步而发展的结果。在当前的社会背景下,农业产业结构正在经历深刻的变革。农业科技的进步和生产经营模式的转型要求农业硕士专业学位研究生在培养过程中,必须重视信息技术相关课程与农业硕士课程的交叉整合,以确保农业硕士能够掌握一系列智能化的知识和技术。再者,随着农业产业结构的演变,农业硕士教育的目标应是培养具备广泛农业生产知识、农村社会交往和农村产业关系的"新农人"和"领军型职业农民"。这表明,在农业硕士的课程设计中,有必要整合社会学、管理学等社会科学的相关知识;与其他学科相比,农业硕士的培养需要在新生态环境、粮食安全和农业农村社会发展等方面构建具有"新农人"特质的教育体系,这包括一定程度的人文精神和艺术修养。也就是说,农业硕士的培养应该融入对农业、生态和人类发展的情感教育。因此,面向新农科的农业硕士课程体系应具备"多学科知识交叉融合"的特点。只有通过以农业专业知识为核心,其他学科知识交叉环绕的课程体系,才能培养出一批能够适应时代发展需求,既"热爱农业、懂技术、善于经营",又"下得去、留得住、离不开"的高层次复合型农业硕士人才。

(三)专业实践要体现综合性和实用性

农林高校要培养出更多知农爱农新型人才,为推进乡村全面振兴做出更大的贡献。农业教育必须面向"四新",为"三农"服务,这也是国家对农业硕士教育的定位和要求。农业硕士教育应当关注农业、农村以及农民的短期和长期需求。因此,面对农村产业融合发展的新挑战,农业硕士教育应专注于提高学生的综合实践技能,以交叉学科的知识体系为基础,在实际操作中增强农业硕士运用跨学科知识来解决"三农"问题的能力;为了满足新农民的需求,我们致力于提高农业硕士研究生在生产技巧、经营管理和技术推广等方面的能力,并从当前及未来的农业需求出发,增强农业硕士研究生实践教学的实际应用价值。

(四)毕业论文要突出实用性价值

专业学位研究生的毕业论文不仅是评估其是否有资格获得学位的关键标准之一,也是整个培养过程的核心展现。要求研究生撰写学术论文的初衷是提升他们在研究和解决实际问题方面的能力,同时也应强调毕业论文在社会、经济和实用方面的价值。因此,在新农科建设的大背景下,针对"乡村振兴、生态文明和美丽中国建设"等战略需求,农业硕士学位论文的主要目标应是培养具有农业实用技能的人才。这些论文应强调"实践能力导向"的培养目标,并重视论文在实际应用中的价值。正如中国农业大学校长孙其信所指出的,我们应该在祖国的土地上撰写论文。农业硕士研究生在撰写学位论文时,应以在实践中遇到的农业生产和经营问题为核心,以解决实际农业问题为目标。论文的形式应具有多样性和灵活性,可以通过具有农业应用潜力的案例分析、研究报告、规划设计或产品研发等多种方式来展示,而不应局限于学术性的论文。

三、支撑条件要坚实有力且强调内外协作

(一)双导师配备要多元化,强调实践指导

在新农科建设中,"多学科交叉融合"被视为核心理念,这为农业硕士的人才培养设定了跨学科的素质标准。导师团队对专业学位研究生的培养质量起到了至关重要的支撑作用。"多学科交叉融合"的理念强调,面向新农科农业硕士研究生导师团队的建设需要"突破学科界限,探索多学科交叉融合的教学团队"。这意味着教师团队必须具备多样性,这种多样性主要体现在三个方面:首先,从导师团队的整体结构来看,面向新农科的农业硕士导师团队的学科背景需要涵盖多个学科领域;其次,专业学位硕士研究生导师组(包括校内导师和校外导师)的组合必须是合理的,例如校内导师需要在学术方面有深厚的造诣,校外导师需要在行业实践方面有丰富的经验。在培养职责方面,既要明确分工,又要相互协作,共同培养;最后,从导师的角度看,那些为新农科服务的农业硕士研究生导师,在理论和实践教学方面都应该有所涉猎。

(二)基地建设要内外协作,提供实践支撑

农业硕士教育的关键在于实践能力的培养,而一个稳固且高效的实践基地则是培育农业硕士实践技巧的基石。因此,如何建设实践基地已经变成了农林高等教育机构在培养农业硕士人才时必须面对的挑战。在

"安吉共识""北大仓行动"和"北京指南"中,都强调了建设农林教育实践的"高地"的重要性,目的是让农林教育从传统的"黑板"模式中走出来,深入到自然的山水、林天湖草中去,以弥补农林教育在实践方面的不足。对地方性高等教育机构来说,由于缺乏足够的人力、物力和财力资源,农业硕士实践基地的建设始终是一个明显的短板。在国家政策的大力扶持下,各个高等教育机构需要紧紧抓住这一有利时机,加快实践基地的建设,弥补农业硕士实践基地建设方面的不足,以便为农业硕士专业的实践活动提供强有力的支持。

四、质量保障要科学完善且凸显行业导向

确保质量是一种关键途径,可用于优化农业硕士的教育模式并提升其教育质量。首先,所谓的"新农科"是一个在传统基础上,根据社会需求进行进一步优化和升级的过程。农业硕士的培养目标是为农业相关行业的企业提供所需的专业人才,而这些企业的就业机会完全是面向市场的。因此,面向新农科的农业硕士的质量评估体系应当以职业能力的检验为核心,重视实践能力,并特别强调对农业硕士行业的指导作用。另外,新农科对农业硕士的质量保障提出了更为科学和完善的要求。"北大仓行动"明确指出,需要"建立高等农林专业的认证机制,推动三级专业认证的实施,并构建一个以高等教育机构内部质量保障为基础,多个部门共同参与的新型农科质量保障体系"。"北京指南"明确指出,农林特色的质量文化建设应从管理架构、高等教育机构的内部质量保证、教师的评估以及教师个人发展这四个关键领域来展开。从中我们可以看出,为新农科地区的高等教育机构提供农业硕士的质量保障,至少应涵盖三个核心要点:第一,农业硕士研究生的质量评估应具有多样性,高度重视雇主的评价,并确保政府、企业、大学、教师和学生等都被纳入质量评估的范围内;第二,管理体制的建设应以提高质量为核心目标,高等教育机构应从培养目标、课程设计、实践训练和导师配置等多个方面建立全面的管理制度,以便对培养过程的各个环节进行有效的管理和调整;第三,我们需要进一步完善

质量评估的指标体系。为了满足培养评价主体多样化的需求,我们需要进一步完善质量评价的指标体系。

第三节　我国专业学位研究生发展现状

一、国内高水平大学农业硕士培养模式优化经验

(一)中国农业大学"科技小院"培养模式

中国农业大学作为我国农业类大学的"领头羊",其资源与环境学院自 2009 年始,在河北省曲周县、北京市郊区等地相继建立集科学研究、社会服务、人才培养于一体的"科技小院"综合平台。"科技小院"人才培养模式从开创到现在,已经获得了无数赞誉,成为国内外农业硕士人才培养的典范。2021 年 2 月 26 日,联合国粮食及农业组织(UNFAO)在其出版的政策建议与创新家庭农场专题研究案例专辑中,将中国农业大学农业专业学位人才培养的"科技小院"模式树立为在农业生产一线开展科学创新和技术服务的典型案例,向全球 192 个国家和地区的农业部门发布。这是继 2016 年 9 月、2018 年 3 月包含"科技小院"主题内容的科技和教育成果分别在 Nature 杂志发表,进入 FAO 典型案例向全球各国农业部长发布之后,我国农科应用型复合型专业学位人才培养案例在全球农科教大家庭中获得的又一盛誉。中国农业大学"科技小院"农业硕士培养模式具有以下特点:

1.培养目标

在制定培养目标时,"科技小院"以满足地方农业的发展需求为核心,并根据研究生的具体情况(如兴趣、特性和发展需求等)来确定他们的个性化培养目标。"科技小院"研究生的个性化培养目标制定流程如下:根据当前农业硕士教育的改革方向,明确培养应用型人才,加强培养方向的实践训练。在研究生正式入学之前,应将他们置于农业生产的前沿,让他们在 1～2 个月内与"三农"问题有近距离的接触。这样做的目的是让研

究生更好地了解自己的个性和兴趣,明确自己的发展需求,并在导师的指导下设定个人的培养目标。如果一个人的发展需求主要集中在农业生产和经营活动上,那么他的培养目标应以提升个人实际操作技能为核心;如果一个人的目标是从事农业科学的研究,那么他的培养目标应以提高其学术能力为核心。

2. 培养过程

在农业硕士的培养过程中,"科技小院"遵循了"实践—学习—实践"的路径,这一培养过程与农业硕士的"职业性"特质紧密相连。

入学前的实践培训:"科技小院"研究生在正式入学之前被要求在基地进行实地学习,近距离了解"三农"问题。这样的培训不仅让研究生深入了解农村的实际情况、农业生产和农民的特性,还培养了他们的"三农"情怀,为他们未来的学习、研究和服务"三农"工作打下了坚实的基础。

入学之后的课程学习:按照预定的培养计划,进行课程学习和培养的各个环节,以便为未来的科学研究和实际操作打下坚实的基础。为了提升理论修养,研究生可以通过课程学习,利用案例讨论、专题讲座报告等方式来拓展知识体系,并通过学习科学研究的方法和技能来掌握研究工具;通过有针对性的开题训练,他们可以更清晰地确定实践与研究的方向,进而更有目的地进行基地实践活动。

理论学习完成后再进行实践:完成课程学习后,进入基地进行学习和工作,进行科学研究,并为"三农"服务。在此过程中,研究生应在实际操作中识别农业生产中的真实问题,并培养及增强他们识别、研究和解决问题的技能。此外,研究生还需为当地的"三农"问题提供各种服务,如农业技术的推广、农民的农业技能培训以及丰富的农村传统文化,从而加强对"三农"问题的关心和重视。

在实际操作中完成毕业论文:在这个阶段,研究生的主要职责是对在实践基地获得的研究成果和参与的以农业科技推广为主导的"三农"服务工作进行总结和反思,然后撰写毕业论文。

3.支撑条件

"科技小院"农业硕士研究生在导师配置方面,选择了学校内外两位导师共同指导的策略。学校内外的导师职责划分清晰:以校内导师为核心,他们主要负责引导学生学习课程和撰写毕业论文,选拔标准主要集中在与农业相关的学术领域;校外的导师主要是实践指导老师,他们的主要职责是引导研究生进行专业实践活动,选拔的标准是拥有中级或更高的职称以及丰富的实践经验的技术人员。学校内外的导师都有明确的分工和各自的专长,这确保了"科技小院"研究生在专业学术和实践能力的培养上得到及时的指导,这与农业硕士专业学位的"学术性"和"职业性"特点是一致的。关于经费的支持,"科技小院"研究生的培养资金主要来自三个途径:首先是来自中国农业大学的经费援助;其次是从社会外部获得的资金援助;最后是得到地方政府在住房和日常生活设备等方面的支援。地方政府、社会的外部支持以及高等教育机构内部的物资援助为"科技小院"的培训模式提供了坚实的后盾。

4.质量保障

"科技小院"的教育模式特别强调农业硕士的培养流程管理。在培训过程的流程方面,首先,要求研究生每天都撰写工作日志,这样做的目的是向学校的导师报告并分享他们的工作和学习进展;其次,导师每周都会组织内部的总结会议,这样可以实时了解研究生在基地的工作和学习进展,确保逐步达到培训的目标;最后,学校每年都会组织两次集中的汇报活动,并由学校内外的教师共同指导。在培训和评估方面,学校内外的评价主体呈现出多样性。"科技小院"的研究生毕业论文的撰写过程,包括选题、开题和答辩等环节,都需要一个特定的委员会进行评估。这个委员会的成员是不断变化的,并且考核委员会至少要包括四种类型的专家:学校内的教师、学校外的导师、当地的农业专家和技术人员。在评估主体方面,展现出了多样性的特点。

(二)西北农林科技大学课程教学改革实践

专业学位研究生教育的目标是为特定的社会职业领域培育出具备高

度专业技能和深厚职业修养的人才。目前,专业学位的研究生教育仍然只是在不同程度上简单地应用学术学位的发展观念、思维方式和实施措施。多年以来,采用学术型研究生课程体系来培养专业学位研究生的教育理念,对农业硕士的实践能力培养不足,成了一个重大的难题。在此基础上,西北农林科技大学园艺学院利用园艺实验教学师范中心和产学实践基地的优势,在课程设计、教学内容与方法以及专业技能培训等方面进行了持续的探索和实践,逐渐确立了农艺与种业领域应用型人才的特色实践课程培养模式。2012年—2017年,西北农林科技大学园艺学院授予227名研究生农业推广硕士专业学位,签约园艺生产一线的技术人员、科学研究或技术服务比例分别为29.8%、25.9%。这一数据可在一定程度上说明,农艺与种业专业硕士培养与其专业学位就业定位匹配度不高。2020年,西北农林科技大学园艺学院授予硕士研究生学位共120人,签约园艺生产第一线的技术人员、科学研究和技术服务的比例分别为38.98%、33.00%。毕业生认为所学专业与行业社会需求契合度为4.06(5分制),处于较高水平。经过课程学习,毕业生认为自身各项职业能力素养提升的程度均在3.85分以上,处于较高水平。可见,西北农林科技大学园艺学院实践课程改革初现成效。西北农林科技大学在我国农业硕士教育领域处于领先地位,学习研究其农业特色实践课程改革经验,对地方高校农业硕士课程体系改革具有重要借鉴意义。该校课程体系改革具有以下特点:

1.课程体系设置突出案例分析和实践研究

在课程设计方面,特别强调了专业和通用技能的培训,同时教学内容也着重于理论与实际应用的有机融合,以及案例分析和实践研究。如表1—2所示,农艺与种业课程总学分共30学分,其中公共课、领域主干课、选修课和必修环节各占8学分,各占总学分的比例为27.59%。在实践课程上,专业实践6学分,占课程总学分的20.69%。此外,在领域主干课中,现代农业发展与实践案例3学分,占领域主干课的37.75%。显然,这一课程体系的设计强调了实践课程的核心地位,这与专业学位的特点是一致的。另外,在跨学科的选修课程中,有必要选择一门传播学的课程,以便为农业硕士在农业技术知识推广方面打下坚实的基础。显然,农艺与种业的课程体系高度重视实践性的教学,旨在培养农业硕士的实际操作技能,构建了一个既重视理论又强调实践的农艺与种业独特课程体系。

表1-2 西北农林科技大学农艺与种业课程体系

课程类型	学分	占课程总学分比例	课程组成	学分
公共课	8学分	27.59%	中国特色社会主义理论	2
			自然辩证法	1
			专业学位硕士英语	3
			现代农业创新与乡村振兴	2
领域主干课	8学分	27.59%	现代植物生产理论	3
			现代农业发展与实践案例	3
			现代草业科学与技术	2
选修课	8学分	27.59%	沟通与传播学（必选）	2
			农学选修课	6
专业实践	6学分	20.69%	/	6

2. 教学方式综合多元

在教育方法上,综合采用"实践式""探究式"和"参与式"等多种教学策略。例如在《农业现代发展与实践案例》的教学过程中,学校会邀请具有丰富一线生产实践经验的高级职称教授来主导教学活动,特别强调让研究生积极参与,激发和引导他们进行独立思考,并组织相关研讨,以培养他们发现、分析和解决问题的能力;在《沟通与传播学》这门课程里,导师会运用理论授课和实地角色模拟等多种教学手段,以培养农业硕士在沟通和农业推广传播方面的专业技能。

3. 案例选取凸显专业实践特色

在教材的选择方面,西北农林科技大学园艺学院得到了学校建设中国专业学位案例教学中心的大力支持,并开始创建园艺学院的案例库。目前,园艺学院已经建立了以果树、蔬菜和采后处理为中心的26个代表性案例教材库,并由课程组的教师为农业硕士编写了"园艺产业案例"教材。此外,案例研讨课选择的教材展现了"根据地理、地域和专业特点"的独特性,这为农业硕士更深入地理解园艺行业的独特性和提高他们的实践能力创造了有利环境。

4.实践考核严格规范

在进行实践课程的评估时,为了确保专业实践的每一个环节都得到有效执行,园艺学院制定了非常严格的评估准则和流程。由学院的专业教师、校外的行业专家,以及实践基地的管理人员组成考核团队;评估方法结合了书面的评估和口头的汇报;考核流程分为两步,第一步,需要提交至少 5000 字的实践研究报告、与专业实践相关的证明材料(如照片等)和实践日志,第二步,在考核小组前,需要进行现场 PPT 的汇报。由考核小组基于研究生提供的资料、实践单位的反馈以及 PPT 的报告来进行综合评分。

5.专职导师队伍和实践基地依托

园艺学院高度重视建立导师团队和实践基地。园艺学院在导师团队建设方面,依据学校导师的年度审核机制,制定了更加重视导师实际经验的审核方法。该学院拥有一群长期致力于农业推广和具有丰富经验的农业硕士专职指导教师,其中包括 27 名常驻试验站的首席专家和站长,9人是国家现代产业技术体系的岗位专家,依赖于试验站的专业学位研究生指导教师每年大约有 40 名。另外,园艺学院目前拥有 18 个实验和实践研究基地,这些基地为农业硕士研究生在实践和相关科学研究方面提供了强有力的支持和保障。

二、国内外高水平大学农业硕士培养模式优化的启示

国内顶尖的大学为国家和社会培育了众多与农业产业发展需求相匹配的高级综合应用人才。对国内外顶尖大学在农业硕士人才培养方面的先进经验进行总结,对于我国地方性高等教育机构在农业硕士培养方面具有显著的启示意义。

(一)政府层面的经验启示

1.宏观管理高校农业硕士专业,鼓励农业硕士特色培养

美国采用联邦制度,其宪法并未对专业学位教育做出明确的规定,联邦政府主要是通过法律和政策来对专业学位教育进行宏观调控。专业学位教育的管理权限完全属于各个州,各州的政府对其教育持有很大的决策权,而各州政府主要是通过教育资助政策来指导高等教育机构的发展方向。换句话说,美国的联邦政府通过法律手段为农业硕士专业学位的发展提供了宏观的指导,各个州都在宪法的指导下制定了自己的教育政策。这确保了美国各个州的高等教育机构具有很高的办学独立性,从而最大限度地激发了高校的办学热情和自主性。在农业硕士教育方面,各个州的高等教育机构可以根据自己的办学优势和地方特色,以当地农业及其相关行业的需求为导向,自主选择与区域经济发展需求相匹配的农业硕士项目、培养方向和培养定位。俄勒冈州立大学农业推广教育硕士项目的成立,是为了解决俄勒冈州农业教育领域长期存在的人才短缺问题。该项目充分利用了俄勒冈州在农业多样性、教育和技术推广方面的高需求,与农业相关的企业和农场主等合作,共同建立了大量的农业推广试验站。这不仅为农业硕士推广教育提供了良好的办学条件,还体现了俄勒冈州农业推广硕士的职业导向和特色培养特点。显然,美国政府对于农业硕士专业学位的宏观政策导向,为各个州在农业硕士教育方面的特色发展和繁荣发挥了积极的推动作用。

2.建立健全校企合作法律法规,推动农业硕士产学合作

校企合作建立农业硕士专业实践基地是美国高校培养农业硕士专业人才的重要特征。这得益于美国政府建立并不断完善的校企合作教育法律法规。美国校企合作教育始于1906年,根据社会经济发展需求和教育发展内在需求不断加强立法工作。1962年,林肯总统批准《莫雷尔法案》形成教学、科学研究和技术推广服务相结合的高等教育新体制,奠定了合作教育的基础。此后,随着美国经济社会发展,对农业高层次专业人才的需求不断增加,美国政府不断出台相关法律法规(包括但不限于《美国

2000 年教育目标法》《从学校到工作机会法》等），对校企合作企业在农业硕士人才培养过程中的相关责任（包括提供实践学习等）、财政支持、激励机制等不断完善，形成了美国较完善的合作教育法规。① 这确保了农业硕士教育机构与相关行业的合作教育能够有序、规范和高效地进行，同时也促进了美国高等教育机构与企业之间的合作，间接地为美国高校农业硕士专业学位研究生的实践能力培养提供了法律支持。

3.有效管理行业协会认证机构，推进农业硕士教育与专业认证衔接

美国的高等教育机构在开设农业硕士专业时，必须得到农业硕士专业认证机构的正式认证，这样才能获得办学的资格。而农业硕士则需要获得由高校颁发的农业硕士学位和职业资格等级证书。虽然美国高等教育机构的专业认证是由行业协会主导的，但这些认证机构仍然需要得到政府的正式批准和授权，也就是说，美国政府对这些认证机构拥有适当的管理权限。根据美国的相关法律和法规，行业认证机构的授权管理是由联邦教育部和教育认证委员会共同承担的。此外，联邦政府发布《高等教育机会法案》对专业认证的基本准则、独立性、相关程序、运作周期和最长年限、仲裁规则、使用范围、认证限制和暂停或终止、认证机构的更换等15 个方面进行了详细的阐述和规定。② 美国政府在对认证机构和流程进行宏观管理的过程中，确保了认证和认可工作在一个公平、公正和公开的环境中进行，从而在一定程度上维护了认证工作的权威性和公正性；从宏观角度看，政策管理为社会各领域广泛参与专业学位教育认证创造了有利条件。这也鼓励和指导了农业相关的行业和机构参与，共同制定了一套科学且完善的农业推广教育专业认证操作流程，为农业硕士专业学位教育提供了一个优质的外部认证环境，并促进了农业硕士教育与外部行

---

① 陈丹.美国合作教育法规对我国专业学位研究生教育校企合作立法的启示[J].新校园(上旬),2017(3):10-12.

② 王彦玲,苏玉亮,张玉哲.美国教育认证体系对我国专业学位研究生教育认证的启示[J].黑龙江高教研究,2020(4):73-78.

业认证之间的顺畅对接。

(二)高校层面的经验启示

1.树立专业学位教育理念,对接农业行业需求

教育的核心理念设定了人才的培养目标,并在人才培养的各种类型中发挥了主导作用。在培养农业硕士人才时,我们需要清晰地理解其专业学位的独特性质,并确立一个以专业学位为基础的人才培养观念。无论是国内还是国外的顶尖大学,在农业硕士的人才培养方面都能准确地捕捉到专业学位的职业导向性特点。康奈尔大学的农业硕士教育目标是着重培养学生解决实际问题的实际应用技能;中国农业大学的培养目标,如以实践训练为核心等,都强调了农业硕士专业学位的职业能力培养方向。另外,根据特定行业的需求来明确职业发展方向,也是国内外顶尖大学农业硕士教育目标设定中的一个普遍特点。科罗拉多州立大学的农业推广与教育硕士明确表示,他们的目标是填补科罗拉多州农业教育领域的教师短缺,并以培育农业教育专才为核心,他们的人才培养方向既明确又满足当地的需求。确立正确的人才培养和教育观念,明确职业方向,并针对行业的特定需求,是培育满足行业发展要求的高级综合应用型人才的首要步骤。

2.制定灵活多样的入学形式,满足生源质量需求

农业硕士专业学位研究生教育的主要目标是培养具有高级应用能力的人才,多样化和灵活的入学方式有助于提升学生的入学质量。高水平大学的入学方式具有显著的灵活性,这主要体现在入学条件和考核方法的多样性上。例如俄勒冈州立大学为即将入学的学生设定了学历、语言技能等基本要求,以确保学生的质量达到高标准。对于那些不满足基本要求但对农业知识和技能有强烈需求的人,可以通过评估他们的实践能力和学习能力来决定他们是否有资格入学。这种灵活多变的入学方式,极大地满足了在农学知识和技能方面有需要的入学者的需求,同时也确保了研究生的入学质量。高水平大学的入学方式的多样性也反映在学制的灵活性上。例如康奈尔大学的农业硕士学制通常是1年,但考虑到学

生的实际情况(如在职状态),学习时间可以适当延长,最长不超过 4 年。通过采用灵活的入学方式,我们不仅可以确保农业硕士的学生质量,还能最大限度地满足农业从业者对技能和知识的提升需求,为社会发展培养合格的农业硕士专业人才打下坚实的基础。

3. 设置系统完整的课程体系,协调理论与实践关系

农业硕士专业学位研究生培养的一个核心特点是,根据特定行业对研究生的知识结构和专业技能需求,构建一个系统而完善的课程体系。无论是国内还是国外的顶尖大学,其农业硕士的课程体系都展现出以下三个显著特点:

一是它能够平衡理论知识与实际操作技能之间的关系。在俄勒冈州立大学农业教育硕士课程体系中,以理论知识教授为主的课程占总学分的 40.00%,以实践为主的课程占总学分的 44.44%,体现了理论与实践并重的特点,符合农业硕士专业学位"学术性"和"应用性"合一的特点;在西北农林科技大学园艺专业课程体系中,实践教学占总课程学分的 36.67%,与农业硕士专业学位特性相符。

二是课程体系能够兼顾专业学位研究生知识深度和广度需求。在科罗拉多州立大学农业硕士(plan B)课程体系中,专业核心课程至少占总学分的 36.66%,跨一级学科选修课至少占总学分的 20%,既符合农业相关行业对人才的专业深度需求,又能兼顾知识结构的广度需求。

三是课程体系具有较强的灵活性,极大地满足了研究生的个性化需求。在康奈尔大学农业硕士课程体系中,个人选修课占总学分的 40%;科罗拉多州立大学选修课至少占总学分 46.67%。这为我国地方高校农业硕士课程体系不断完善提供了启示。

4. 综合采用多元教学方式,引导学生多元反思

采用多样化的教育方法可以帮助研究生更深入地理解专业知识,丰富他们的自我反思技巧,并最大限度地激发他们的学习热情和创新精神。观察国内外顶尖大学农业硕士的教学方法,我们可以发现案例分析和研讨是农业硕士课程的核心教学手段。讲授、现场教学、讨论、演示和自主

学习等多种教学策略,是提升研究生课程教学品质的关键策略。

5.重视实践导向专业实践,培养实践应用技能

在农业硕士专业学位研究生的培养过程中,专业实践环节是不可或缺的一部分,它是农业硕士获取实践技能和提升职业能力的主要途径。无论是国内还是国外的顶尖大学,都高度重视农业硕士研究生的专业实践,并在培训过程中坚定地执行专业实践的标准。中国农业大学致力于培养农业硕士研究生的实践技能,并以"科技小院"实践基地作为支持,严格遵循专业实践的要求,从而形成了在国内外都有很高声誉的"科技小院"培养模式;康奈尔大学针对农业领域的实际问题,依赖其研究项目,在实际操作中积累了解决这些问题的实际技巧等。显然,无论是国内还是国外的顶尖大学,都高度重视农业硕士专业的实践训练,并认为实践训练是农业硕士专业学位研究生培养的关键部分。

6.设置形式多样的毕业设计,突出实践应用价值

研究生的毕业论文(设计)应当反映学位的独特性,而农业硕士作为专业学位,其毕业论文(设计)应强调"实际应用"和"实用价值"。无论是国内还是国外的顶尖大学,对农业硕士的毕业论文(设计)都有相同的要求。这些论文(设计)的实际应用价值主要体现在两个方面:首先,它们的选题是基于实际问题而来的。例如中国农业大学农业硕士的毕业论文(设计)的选题必须是基于"科技小院"实践中遇到的问题;康奈尔大学的农业硕士研究项目是针对该专业领域中最迫切需要解决的问题而启动的,因此研究生在进行研究时,必须以解决项目中出现的具体问题为中心,并据此编写相应的研究报告。其次,毕业论文(设计)的展现形式是多种多样的,并不仅仅局限于学术性的论文研究。康奈尔大学的农业硕士课程并不强制研究生提交学术论文,而是选择研究项目的报告作为替代;科罗拉多州立大学的农业硕士学位采用毕业设计的方式来规划三个不同的发展方向。对于农业硕士专业学位研究生来说,不受限制的毕业设计形式更能激发他们的主观能动性和创造力,从而在完成毕业设计的过程中他们解决问题的研究能力也得以培养。

7. 严格落实导师联合指导,提供良好人力支撑

高质量的教师资源对于提高人才培训的质量具有不可或缺的支持作用。在高水平的大学中,农业硕士的人才培养都是通过导师组的联合指导进行的。例如中国农业大学的"科技小院"农业硕士项目,学校学术导师与基地实践导师的联合指导,为研究生在学术和实践方面的能力培养提供了稳固的人力资源支持;科罗拉多州立大学与康奈尔大学的农业硕士课程是通过导师组的联合指导来进行的,该导师组的成员不仅包括在专业领域具有高级职称的学术教师和实践导师,还涵盖了其他专业的教师,他们对研究生的个人学习计划和毕业论文(设计)提供全方位的指导。在新农科的背景下,严格执行双导师制并充分利用校外导师对实践的引导,成为农业硕士可雇佣性能力培养的关键支柱。

8. 重视完善实践基地建设,提供坚实平台支撑

培养农业硕士需要一个稳固的平台支持,而实践基地则是这一培养过程中不可或缺的一环。无论是国内还是国外,高级大学的农业硕士教育都高度重视实践基地的建立。例如俄勒冈州立大学的农业科学院为农业推广教育硕士实践基地设立了 14 个分支试验站和推广服务机构,而其他大学在实践基地建设方面的财务支出每年都在增加;自 2009 年起,中国农业大学启动了"科技小院"实践平台的筹建工作,并在 2020 年之前在全国范围内成功建立了 26 个这样的实践平台。

显然,为农业硕士研究生提供实践基地是培训过程中的关键环节。实践基地建设资金的来源相当广泛,其中美国高等教育机构的农业硕士实践基地建设得到了政府财政的资助,但大部分资金则来自外部的捐赠。在政府政策的扶持下,与农业相关的企业建立产学研的合作项目受到了高度重视,这也是国内外高等教育机构为农业硕士提供稳固的实践基地,并持续优化基地建设的关键手段。

9. 建立内外质量保障体系,提高人才培养质量

在保证内部质量方面,国内外的顶尖大学都高度重视研究生的流程管理和评估。科罗拉多州立大学和康奈尔大学要求研究生提交个人学习

计划,并由专门的委员会定期检查研究生个人学习计划的完成情况,根据个人学习计划的情况不断调整指导方案,以提高研究生的培养质量;在中国农业大学的农业硕士教育过程中,要求研究生每天撰写日志并向学院汇报,同时在实践基地定期进行工作汇报,并对学生的学习和实践成果进行监督。另外,各个大学都有其独特的考核体系,这些体系针对研究生在不同教育阶段的表现进行评估,例如科罗拉多州立大学的学期末评估、中国农业大学的中期评估等。这充分展示了高水平大学对流程管理和评估方面的重视,为地方高等教育机构在保障农业硕士教育质量方面提供了有价值的参考。

在确保外部质量的过程中,我们高度重视来自外部实体的评估。鉴于农业硕士具有明显的职业特质,高度重视农业相关行业的评估成为国内外顶尖大学在培训农业硕士时的普遍特点。在美国,农业硕士的专业学位培训必须得到农学会的专业认证,这包括培养机构的认证和专业学位项目的认证,以实现内部专业培训和行业职业资格认证的有效连接,从而发挥外部主体对农业硕士培训的监督和促进作用。在我国,顶尖的大学在农业硕士的培养质量评估方面走在前列。例如中国农大的"科技小院"研究生的研究项目在选题、开题和答辩时,都需要得到校内主体(如校内导师和专家)以及校外专家(如校外导师、当地农业专家和技术员等)的共同评价。在评价的主体方面,它融合了内部和外部的评价方式,展现了评价主体的多样性特点。

第四节　农业硕士专业学位的特点

新农科的建设是在传统教育的基础之上,为了更好地满足社会的需求而进行的升级,这意味着地方高等教育机构在农业硕士的培养过程中,必须考虑到地域性农业相关行业的劳动力市场需求。可雇佣性主要关注学生在市场环境中的适应能力,以精准地连接人才培养和劳动力市场的需求。因此,从培养可雇佣性能力的角度出发,为新农科的地方高等教育机构提出农业硕士培养模式的优化策略是非常合适的。农业硕士的培养模式的优化很难仅由高等教育机构单独完成，作为一个专业的人才培养中心，高校自然要肩负起核心职责；作为农业硕士人才的主要受益者，用人单位有能力为农业硕士的培训提供必要的支持环境；作为政策的制定者和资源的主要调配者，政府应当为地方高校农业硕士的培养提供有力的政策和资源支持。政府各部门有能力通过政策导向和财政援助等多种手段，为农业硕士教育模式的改革，特别是基于可雇佣性能力培养的模式，提供坚实的支持。此外，这些措施还能在鼓励社会各界参与、推动相关评估活动以及构建可雇佣性能力框架等多个方面产生积极影响。综合来看，从可雇佣性能力培养和新农科建设的角度出发，在农业硕士培养模式的优化方面，需要高校、雇主和政府等多个方面共同合作，形成协同效应。

一、完善农业硕士专业学位培养目标相关法律法规

农业不仅是人类文明的支柱，也是现代经济体系的基石。农业硕士是一种针对我国农业及其相关产业、经营管理、服务体系以及社会发展需求的专业学位教育形式，它在解决我国"三农"问题方面具有无可比拟的知识背景优势。在新农科的建设过程中，高等农林教育被赋予了至关重要的战略地位，因此地方性高等教育机构需要结合当地人才的实际需求制定培养目标。多年来，我国的专业学位研究生教育在法律上并没有得到足够的支持。这主要是因为地方高等教育机构农业硕士的培养理念是模糊的，应用型人才的培养特点不明显，培养目标与实际就业目标过于相似以及与当地的人才需求不匹配等。这一点，我们可以参考美国政府的相关经验，建议政府尽速快出台与农业硕士专业学位教育相关的法律和法规，对农业硕士的培训标准、教育观念和就业方向进行全面的规定，并以法律手段加以明确。只有完善与农业硕士专业学位相关的高级法律和法规，专业学位和学术型学位教育的分类培养才会更明确，农业硕士的"应用人才"教育观念也会更加清晰，同时地方高等教育机构在培养农业

硕士方面也能更好地满足地区的实际需求。进一步完善与农业硕士专业学位相关的法律和法规是至关重要的。例如考虑将《中华人民共和国学位法》纳入专业学位的目录，并将农业硕士专业学位教育与其他学术型学位放在同一层次，这样可以从法律角度确立农业硕士专业学位在国家教育体系中的地位。这将有助于纠正社会各界对农业硕士专业学位低于学术学位的错误看法，并为解决我国当前社会对农业硕士专业学位的认可度低、农业硕士教育生源质量不高和学生积极性不高等问题提供坚实的法律基础。

二、鼓励涉农行业企业关注和参与农业硕士培养过程

在新农科的大背景下，农业硕士教育被期望能够服务于新时代的乡村复兴和农业产业的进一步发展。为了满足农业相关行业的各种职业和岗位需求，培养那些在农业特定专业领域拥有坚实的理论知识和广泛的知识体系的高级综合应用型农业专才。在农业硕士教育中，无论是培养目标、课程设计、教学哲学还是质量标准，都应以实际应用为核心，以满足农业相关行业的职业需求为主要目标。因此，无论是教育管理部门还是培训机构，都应深化与农业相关的大型企业之间的沟通与合作。政府应当充分发挥其在农业领域的主导作用，激励与农业相关的各方重视农业硕士的教育，并与培训机构进行深入的交流与合作。我们可以参考美国政府在推进学校与企业合作方面的经验，并在法律和法规层面为高等教育机构与企业之间的合作制定标准，例如在农业硕士的改革培训模式和质量评估中引进企业参与；借助财政政策等多种途径，鼓励农业相关的各个行业与培训机构建立产学研的合作基地。为了确保外部实体能够及时准确地将与农业硕士相关的职位在职业能力、任职资格要求等方面的变化信息传达给培训单位，培训单位需要根据市场的需求、任职资格的要求以及变化，对培训目标、课程设计、学分标准和实践训练等关键要素进行持续的优化和调整。这样，地方高等教育机构可以确保农业硕士的培训质量，农业硕士的职业能力快速提升，同时雇主也能更高效地聘用农业硕

士人才。

三、引导农业硕士质量评价与地方人才需求相匹配

地方高等教育机构对新农业硕士的培养,应与当地的特色相匹配,并与当地的农业相关行业进行有效对接。这表明,由于各地区存在差异,地方高校在农业硕士的培养、就业定位和目标等方面都有其独特之处。因此,地方高校在评估农业硕士教育成效时,不应使用统一的评价标准。政府有责任建立一个多元化的评估标准体系。地方高等教育机构在评估农业硕士时,应根据其独特性质,结合当地农业行业的人才需求,参考多种评估准则,从而制定出反映地方农业特点的农业硕士的质量评价标准。在政府的引导下,结合各地方高等教育机构和农业相关行业的实际情况,我们需要建立一个具有针对性的质量评估体系。只有这样,评估的结果才能真实地展现各地方高校在农业硕士的培养方向、目标和过程中存在的问题,从而最大限度地利用农业硕士的质量评估来加快地方高校农业人才的培养速度。

四、推动农业硕士专业认证并与职业资格认证衔接

在新农科建设的纲领性文件中,如"安吉共识"和"北大仓行动",都强调加速建立高等农林专业认证体系,推动三级专业认证的实施。相较于美国农业硕士教育专业需要行业协会的专业认证,我国在农业硕士教育专业认证方面还需要加速建设进程。职业资格认证是根据国家设定的职业技能标准或任职资格条件,对劳动者的技能水平或职业资格进行客观、公正、科学和规范的评估,以确定其是否达到从事某一职业的标准。农业硕士被视为一种专业学位,其主要目的是为农业相关行业培训高级的应用型复合人才,而职业资格认证则是对这些高级技能人才的一种评估,这两种认证都具有明确的职业方向。美国的各种专业学位教育(包括农业硕士)已经建立了与外部职业资格认证相比较的体系,我国的农业硕士作为一类高级专业人才,尚未建立相应的职业资格认证机制。显然,我们需

要加速农业硕士的专业认证与职业资格认证之间的有效连接。美国政府在推动高等学府农业硕士教育与职业资格认证之间的衔接方面的努力，为我国农业硕士专业认证提供了实践经验。首先，政府应构建一个农业硕士专业学位与职业资格准入及任职资格提升之间的衔接制度，以便更清晰地界定各管理部门的权利和职责。其次，我们要确保涉农行业的协会成为主要的认证实体。在美国的高等教育机构中，农业硕士的专业认证和职业资格认证都是由农业相关的行业协会来执行的，而政府仅在法律层面为这些认证制度提供了保护。

在新农科建设的大背景下，农业硕士的培养更应满足农村社会和农业产业的发展需求。农业协会成为认证的主体，更好地发挥外部主体的作用，这将更有利于高校的人才培养和农业人才市场的需求对接。最终，制定农业硕士的专业学位认证规定。参考美国的《高等教育法案》中的相关规定，我国政府也可以制定专门针对农业硕士专业学位的专业认证和职业资格认证的条例。这些条例将对认证的主体、基本标准、独立性和相关流程等进行明确规定，旨在确保行业认证的客观性，并为农业相关的行业协会和其他外部实体参与农业硕士教育创造条件。

第二章 研究生心理健康概论

当我们谈论心理健康时,通常是指一个人在面对内部和外部环境的变化时,能够持续地维持一个健康的心理状态,这意味着他具有出色的心理适应能力和较高的心理成长阶段。心理健康为个体的创造力,尤其是学生的创新能力的培养,提供了至关重要的心理环境,它构成了个体创造力和创新能力发展的基石。因此,心理健康在很早的时候就已经变成了心理学、医学等多个学科共同关心的一个重要且专业的研究领域。近些年来,关于心理健康的定义、准则、度量方法以及影响它的各种因素的研究都在持续加深,各个心理学流派都提出了他们独特的心理健康观点。从宏观角度看,人们对心理健康的理解和研究已经从最初的消极态度逐渐转向了更为积极的心理健康观点。

第一节 研究生心理健康的概念

心理健康是指个体的各种心理状态保持正常或良好水平,且自我内部以及自我与环境之间保持和谐一致的良好状态。

早期关于心理健康的研究主要集中在消极和病态心态上,尽管有些研究涉及情绪和情感指标,但主要还是集中在抑郁、焦虑等消极情绪上,而对于幸福、快乐、满意、乐观等积极情绪和心理状态的研究则相对较少。随着积极心理学的发展,学者们逐步认识到,减少消极情绪和治疗病态心理并不等同于让人感到幸福和快乐,积极情绪也是心理健康的重要组成部分。1946 年召开的第三届国际心理卫生大会便首次将"有幸福感"增列为心理健康的 4 项标准之一,并认为经常能体验到幸福感的人就是心理健康的人。Greenspoon 和 Saklofske 认为,心理病态和主观幸福感是心理健康的两个指标,它们从病态心理和积极心理两个方面共同反映了心理健康水平。

Jahoda 最早提出了"积极心理健康(positive mental health)"的概念。此后,对幸福感等积极心理状态的研究开始盛行,有关积极心理,如乐观、快乐、满足、幸福等的研究日益增多。主观幸福感(subjective wellbeing,SWB)是积极心理健康观的核心指标,与乐观、适应性、焦虑和抑郁等其他重要的心理健康指标,以及自杀倾向与行为等均有密切的联系。Diener 对主观幸福感的定义最被认可。他的观点是,主观幸福感是评估者根据自己设定的准则对生活质量进行的全面评价,包括生活满意度、正面的情感体验和负面的情感体验三个方面。在这其中,生活满意度被定义为个体对于整体生活质量的认知和评估,也就是对个人生活满意度的整体水平;积极的情感体验指的是个体在日常生活中体验到的如愉悦、轻松之类的正向情绪,其中涵盖了如快乐、愉悦、认为生活充满意义和精力旺盛等情感体验;消极的情感体验指的是个体经历的抑郁、焦虑和紧张等负面情绪,包括忧虑、抑郁、悲伤、孤独、厌倦和不适等情感体验,但这并不包括严重的情感障碍和神经症。

综上,早期的心理健康研究主要集中在抑郁、焦虑等消极情绪上,而对于幸福、快乐、满意、乐观等积极情绪和心理状态的研究则相对较少。然而,人本主义和积极心理学的崛起,极大地推动了以主观幸福感为核心的积极心理健康观研究的发展。尽管中外学者在心理健康的内涵和标准上有多种不同的观点,但他们的认识逐渐趋于一致。在人本主义和积极心理学的指导下,积极心理健康观已逐渐成为共识。

因此,心理健康主要涵盖两个方面:首先是没有心理疾病,这被视为心理健康的核心前提;其次,心理疾病涵盖了各种心理和行为上的异常情况。在心理层面上,存在一种正向发展的状态,这意味着可以保持并提高自己的心理健康状况和精神品质,主动地降低问题性行为并解决心理上的问题。

第二节 研究生心理健康的理论与标准

一、心理健康的理论

随着时间的推移和心理学研究人员对心理健康的深入了解，人们对心理健康的看法和衡量标准也在持续地进化和调整。无论是国内还是国外，各种不同的学派和学者都曾提出自己的心理健康观点，这些观点相互补足，并不互相冲突。其中，比较有代表性的理论有：

代表精神分析学派的弗洛伊德（S. Freud）的心理健康观，以精神疾病患者为研究焦点，主张心理异常的根源在于本我、自我和超我三者之间的冲突。而一个健康的人格应该是能够避免受到本我的影响和压迫，从而成为一种综合性的协调力量。精神分析学派在心理健康方面的核心观点是，克服心理障碍是患者实现健康人格的关键途径，这种心理健康观念是从心理失调者身上推导出来的。

代表新行为主义学派的华生（J. B. Watson）和斯金纳（B. F. Skinner）等人，他们主要关注那些可以观察和测量的行为，以及触发这些行为的外部因素，他们认为人类的行为仅仅是学习过程的产物。行为主义学派认为，人们的心理问题和身体症状主要是通过学习获得的，这是对不良或不正常行为反应的适应。这些不良的适应行为是在过去的生活经验中，通过条件反射机制而被固定下来的，只有强化模式发生变化时，这些异常行为才有可能得到纠正。

以 W. 奥尔波特（W. Allport）的"成熟人模式"为核心的人格特质心理健康观，主张从人的行为内部动力结构出发来探究人格特质。健康的人在理性和意识层面上是活跃的，他们的关注点主要集中在现在和将来，而激发他们行为的动力是可以被察觉和控制的。被称为"成熟的人"的人能够掌控自己的日常生活，并对自己的现在和将来抱有美好的期望，他们的生活充满了明确的目标。

根据认知人格理论中的心理健康观点，例如 A. Ellis 的合理情绪理论（rational-emotion theory），每个人都可能面临情绪上的困扰，这主要是因为他们的思维方式和信仰存在不合理之处。A. Ellis 认为，正是这群人的不合逻辑的信仰引发了大量的痛楚，并对人们的情感产生了影响。因此，为了维持一个轻松和愉悦的心态，我们应该摒弃那些不合逻辑的信仰，而应坚持理性和逻辑性的思考方式。班杜拉（A. Bandura）的认知行为理论特别强调自我调节能力的重要性，他认为人们可以通过合理地利用环境因素、提供认知支持以及给出行为后果的提示来控制自己的行为。

人本主义学派对心理健康的核心看法是：真正达到心理健康的人，他们的内心世界应该是非常丰富的，精神层面的生活也应该是非常充实的，他们的潜能应该被完全挖掘出来，同时他们的人生价值也应该得到充分的体现。人本主义心理学者马斯洛（A. H. Maslow）在 1956 年提出了"自我实现人"的概念，并将追求自我实现的人定义为心理健康的个体。只有那些心理健康的人，才能最大化地挖掘和利用他们的天赋和潜在能力。

关于心理健康的观点，积极心理学是基于主观幸福感深入探讨的。积极心理健康观主张，心理健康是积极与消极情感以及生活满意度概念的综合体现。积极情感和消极情感是心理健康的两个不同方面，仅仅消除或摆脱各种心理问题并不能保证心理健康。实际上，心理健康还包括正向力量或积极品质的生成和增强。幸福可以通过积极和消极情感之间的平衡来衡量，而生活满意度则被视为一种认知元素，它不仅是幸福感的补充，还是评估心理健康状况的关键指标。

二、心理健康的标准

1946 年召开的第三届国际心理卫生大会发布了纲领性文献——《心理健康和世界公民》，首次明确提出心理健康的 4 项标准：身体、智力、情绪协调；适应环境，在人际关系中彼此谦让；有幸福感；在工作和职业中能充分发挥自己的能力，过有效率的生活。

作为人本主义心理学派的代表，马斯洛提出了 10 个关于心理健康的准则,其中包括充足的安全感;深入地认识自己,并对自己的才能进行恰当的评估;恰当地传达和管理情感;保持与实际环境的紧密联系;有能力维护个人人格的完整性和和谐性;擅长从过去的经验中吸取教训;在集体环境中,能够维持健康的人际交往;存在与现实相符的生活追求;在遵循社会规范的基础上,能够适当地满足个体的需求;在遵循团体原则的前提下,能保持自己独特的个性。

另一位知名的人本主义心理学家罗杰斯提出了"机能完善的人"和"未来新人类"的观点,他认为实现的倾向是推动生命的力量,这会使人变得更加复杂,更具有自主性和社会责任感,从而变成心理健康的人或"机能完善的人"。罗杰斯的"机能完善者"有5个基本特征:(1)经验开放;(2)时刻保持生活充实;(3)对自身机体高度信任;(4)有较强的自由感;(5)有高度的创造性。此外,他还进一步提出了"未来新人类"应具备的基本素质:(1)开朗、开放的人生态度;(2)渴求真实;(3)对科技抱存疑的态度;(4)渴望成为整合人;(5)渴望亲密关系;(6)重视过程;(7)关爱;(8)与自然和谐共处;(9)反对墨守成规的建制;(10)个体内在的权力;(11)不重视物质享受;(12)自我超越。

国内心理学家林崇德主编的《心理学大辞典》提出的心理健康有5条标准:(1)情绪稳定,无长期焦虑,少心理冲突;(2)乐于工作,能在工作中表现自己的能力;(3)能与他人建立和谐的关系,且乐于和他人交往;(4)对自己有适当的了解,且有自我悦纳的态度;(5)对生活的环境有适当的认识,能切实有效地面对问题、解决问题而不逃避问题。

综合各方观点可知,人的心理是知、情、意、行的统一体,心理健康是一个人整体的适应良好状态,是人格健康,全面发展。心理健康的标准应是多层次、多方面的,应考虑不同地区、不同民族、不同文化和不同时代的具体情况。我们可以从8个方面来定义心理健康的标准:(1)智力正常;(2)人际关系和谐;(3)心理与行为符合年龄特征;(4)了解自我,悦纳自我;(5)面对和接受现实;(6)能协调与控制情绪,心境良好;(7)人格完整独立;(8)热爱生活,乐于工作(俞国良,2007)。

第三节　研究生心理健康的测量

早期国外心理学研究者开发了众多以测量消极情感体验为主的心理健康测量工具,常用的有症状自评量表(SCL－90)、心理健康诊断测验(MHT)、Achenbach 儿童行为量表(CBCL)、卡特尔 16 种人格因素测评量表(16PF)、艾森克人格测评量表(EPQ)、贝克抑郁量表(BDI)、贝克焦虑量表(BAI)、Zung 氏焦虑量表(SAS)和康奈尔医学量表(CMI)等。目前我国心理健康测量大都是借鉴这些国外现成的较为成熟的量表做简单调查或一般性验证。由于此类量表多用于筛选和鉴别心理问题,因而对心理症状较少者即正常人区分度较低。

在最近的几年中,我国的学者也推出了多种心理健康的综合评估工具。例如俞国良等人编写的小学生心理健康量表和中小学生心理健康量表,谭和平编写的中学生心理健康量表(MHS),程灶火等人编写的儿童青少年心理健康量表,王欣等人编写的大学生心理健康综合量表,王极盛等人编写的中国成人心理健康量表,以及由中国大学生心理健康量表课题组制定的《中国大学生心理健康测评系统》等,共计超过 10 种工具,都取得了相当的成功。沈德立等还首次提出了青少年心理健康素质结构,并在此基础上,编制了《中国青少年心理健康素质调查表》。

在积极心理健康观指导下,国外学者还开发了多种测量主观幸福感的工具。较常用的有 J. D. Campbell 编制的幸福感指数量表(Index of wellbeing)、A. F. Fazio 编制的总体幸福感量表(Psychological General Wellbeing Schedule,PGWB)和 Diener 等编制的主观幸福感量表(ICS)(又名《国际大学调查》)。国内学者程灶火也编制了儿童主观生活质量问卷。以上量表都具有较好的信效度。其中,我国学者严标宾等参与编制的 ICS 在跨文化研究中证实有较好的信效度。

第三章　研究生心理健康的影响因素

作为高学历社会群体,研究生本应具有良好的心理素质,具有更高的群体心理健康水平。然而,实际情况并不理想。本章将分别从研究生群体的个性特征、认知特征、社会化特征、社会责任与价值观特征以及社会支持系统特征等方面,探讨研究生群体心理健康的影响因素。

第一节　研究生群体的个性特征与心理健康

一、心理健康与人格的关系

人格也称个性,是指一个人区别于他人的,在不同环境中一贯表现出来的,相对稳定地影响人的外显和内隐行为模式的心理特征的总和,包括需要、动机、能力、气质、性格等。在一定意义上,人格不是独立存在的,而是通过心理过程表现出来的。但作为一个人整体心理面貌的反映,人格是具有一定倾向性的、相对稳定的心理特征的总和。它是在长期的社会生活实践中形成、发展起来的。一般认为,个性主要由个性倾向性、个性心理特征两部分组成,具体包括气质、性格、能力、需要、动机、兴趣、爱好、理想、信念、世界观等。

在某种程度上,人格特征是心理健康的最重要基础。这是因为,无论是生活事件对心理健康的冲击,还是社会支持系统对心理健康的保护,人格都发挥着极其重要的作用。

(一)人格特质是心理健康的基础

在描述和分析个体人格特征时,人们通常引用气质、性格这样的概念。气质这个概念最早是由古希腊医生希波克拉底(Yippccrares)提出来的,后来罗马医生盖仑(Galen)做了整理。他们认为人有四种体液——血液、黏液、黄胆汁和黑胆汁。这四种体液在个体体内所占比例不同,从而确定了胆汁质(黄胆汁占优势)、多血质(血液占优势)、黏液质(黏液占优势)、抑郁质(黑胆汁占优势)四种气质类型。其典型心理特征如下:

第一,胆汁质类型的人是以情感发生的迅速、强烈、持久,动作的发生也迅速、强烈、有力为特征的。属于这一类型的人热情,直爽,精力旺盛,脾气急躁,心境变化剧烈,易动感情,具有外倾性。

第二,多血质类型的人是以情感发生迅速、微弱、易变,动作发生也迅速、敏捷、易变为特征的。属于这一类型的人,活泼好动,敏感,反应速度快,热情,喜与人交往,注意力易转移,志趣易变,具有外倾性。

第三,黏液质类型的人以情感发生缓慢、内蕴、平静,动作迟缓、稳重、易于抑制为特征。属于这一类型的人安静,稳重,反应缓慢,情感不易外露,沉默寡言,善于忍耐,注意力不易转移,具有内倾性。

第四,抑郁质类型的人是以情感体验深而持久、动作迟缓无力为特征的。属于这一类型的人反应迟缓,善于觉察他人不易觉察的秋毫细末,具有内倾性。

毫无疑问,不同气质类型的情绪体验、认知特征和意志过程是不同的,从而使得个体面对生活事件冲击和外部刺激时心理体验表现出很大的差别。也就是说,不同气质特征的个体,面对相同的环境和事件,心理健康状况也将大不相同。

性格(Character)一词来自希腊语,原意是特征、特性、属性。它是个性当中最突出的方面。今天我们理解的性格,乃是一个人在社会实践活动中形成的对人、对事、对自己的稳固态度,以及与之相适应的习惯化的行为方式。譬如,有的人工作勤勤恳恳,赤胆忠心;有的人则飘飘浮浮,敷衍了事;有的人待人接物慷慨,热情;有的则吝啬,冷淡。在对自己的态度方面,有的谦虚,有的高傲,有的勤勉,有的懒惰。所有这些都是人们不同的性格特征。

性格与个体气质关系密切,它们互相渗透,互相影响,互相制约。首先,气质给性格特征全部"打上烙印,涂上色彩"。正如巴甫洛夫所说,气质"赋予每个个体的全部活动以一定的外貌"。例如同样是骄傲,胆汁质的人可能直接说大话,甚至口出狂言,让人一听就知道他骄傲。而多血质的人很可能先把别人表扬一通,最后露出略比别人高明一点,骄傲得很婉转。黏液质的人骄傲起来可能不言不语,表现出对人的蔑视。其次,气质对性格的影响还表现在气质可以影响性格形成和发展的速度和动态。比如,胆汁质的人比黏液质、抑郁质的人更容易做出草率决定,而黏液质的人则比多血质的人办事更稳重。而且,胆汁质、多血质的人易于形成外向性格,黏液质、抑郁质易于形成内向性格。最后,性格在一定程度上可以改造或掩盖某些气质特征。比如,从体质上和操作速度上来说胆汁质和多血质的人适于当外科医生,但前者易轻率,后者缺耐心。如果他们真的当了外科医生,这两种不同气质特征都会经过意志努力而改正。

在一定程度上,人格缺陷或性格缺陷即心理不健康。人格缺陷是介于正常人格与人格障碍(变态人格)之间的一种人格状态,也可以说是一种人格发展的不良倾向。无论在什么样的社会群体中,相当一部分个体都存在不同程度的性格发展缺陷,常见的有自卑、懒惰、拖拉、粗心、鲁莽、急躁、胆怯、悲观、害羞、猜忌、多疑、狭隘、自私、冷漠、被动、傲慢、虚荣、自我中心、敌对、冲动等。

这些性格缺陷不仅会给个体的学习、人际交流、恋爱、工作带来消极影响,还是精神健康的潜在威胁。许多精神疾病的发生都与性格的缺陷有密切联系,精神病学家把容易诱发精神疾病的性格称为易感性素质,就是说,有这种性格的人倘若再遇到精神与环境方面的不良刺激,很容易导致精神疾病的发生。

(二)人格对心理健康的影响

人格是人的心理行为的基础,它在很大程度上决定了人如何对外界的刺激做出反应以及反应的方向、程度和效果。人的心理行为是人格与环境相互作用的结果。因此,人格会影响一个人的身心健康、潜能开发、活动效率以及社会适应状况,它既可能起到积极作用,也可能产生消极的影响。

早在古希腊时期,希波克拉底就指出,知道一个什么样的人得病比知道一个人得了什么病更重要。人格对心理疾病、身心疾病的患病概率、种类、病程长短、愈后效果等都有显著影响。比如,抑郁质的人敏感、感受性强,耐受力弱,承受外界刺激的能力较低,所以容易在不良因素刺激下产生心理障碍或心身疾病,如神经衰弱、抑郁症或胃溃疡等;胆汁质的人脾气急躁,情绪波动大,易冲动,经常处于兴奋、紧张和压力下,易患心血管疾病;某些人格类型较容易引起紧张、焦虑、抑郁、暴躁等情绪障碍;而严重的人格缺陷本身就是心理疾病,即人格障碍。

心身医学的大量研究已经发现,许多心身疾病都有相应的人格特征模式,这种人格特征在疾病的发生、发展过程中起到了生成、促进、催化的作用。比如,哮喘病患者有过分依赖、幼稚、暗示性高的人格特征;偏头疼患者多表现出刻板、好竞争、好嫉妒、追求完美的人格特征;具有矛盾、强迫性、吝啬、听话、抑郁特质的人容易得结肠炎、胃溃疡等疾病;具有追求完美、好竞争、好激动和易怒易焦虑人格特征的人的高血压患病率更高;A型人格争胜好强、雄心勃勃、急躁易怒、缺乏耐心、行动匆忙、时间感强,好指手画脚、咄咄逼人,这种人格与冠心病关系密切;癌症患者则多是那种惯于克制、谨小慎微、忧虑重重、多愁善感的人,这种人格特征是自我压抑、内心冲突和不安全感明显。

二、研究生群体的个性特征与心理问题

(一)研究生群体的个性特征

研究生作为高层次、高学历的群体,与同龄人相比文化层次、智力水平都比较高,同时也肩负着社会、学校、家庭、个人等多方面的期待。因此,该群体成员较之其他群体成员往往表现为自信心、自尊心强,做事情比较追求完美,对自我有较高的期望,有较高的成就动机与抱负水平,进取心、事业心强。

有研究者用卡特尔 16 种人格因素测验量表来了解研究生的个性特

点,普遍认为研究生群体更加聪明,富有才识,做事有恒心有毅力,有主见,敢作敢为,追求浪漫,富于想象而有创造力,有较强的自制力,能够合理支配自己的行为等人格特点。但是,必须看到的是,相较于上述积极的性格特征外,诸如冷漠、孤独、极端、依赖等性格特质也是研究生群体中非常普遍的[①]。结合各方面的研究,目前研究生的心理现状可以概括为以下四点:

1.人生观、价值观多元化。研究生群体在所有学生群体中的个体之间差异最为明显,除了性别、成长环境、专业、性格等方面的差异外,研究生的生源也较复杂——既有应届毕业生直接读研,也有少量往届生离职进行深造;他们的年龄分布也比本科生分散。高敏等调查显示,86.77%的研究生处于22~26周岁,其余学生在27周岁及以上;绝大部分硕士研究生未婚,已婚者不足4%,而博士研究生中的已婚率近50%[②]。这些在年龄、工作经历、婚姻状况方面的显著差异及个人阅历使研究生在世界观、人生观、价值观方面表现更为多元,并在一定程度上影响着他们的奋斗目标、个人规划、个人需求、生活状态、学习态度等。

2.思想与思维更加成熟。研究生群体相较于本科生,他们思想更加成熟,思维更加周密,对问题有自己的分析和判断,遇事更加理性,不冲动、不盲从。

经过本科阶段的学习,身体的成熟伴随着心智的发展,因此思维的逻辑性、连贯性和发散性等,都与本科阶段相比有很大的提升,这使研究生群体的思想更加成熟。这种变化在心理层面则表现为认知体验和主体自我意识体验有了新的发展,从而表现出心智更加成熟稳定的特征。但与此同时,更多地理解社会发展和个人成长的约束条件,也将对这群目的性更强的人生奋斗者带来更大的压力。此时,社会环境、社会生活事件对个

---

① 吕玲玲.高等农业院校硕士、博士研究生人格因素调查分析[J].中国健康心理学杂志,2010(8):946-948.

② 高敏.高校研究生心理压力状况调查研究——以河海大学能源与电子学院研究生为例[J].科教导刊,2012(6):89-90.

人心理的冲击引发的心理体验将更加强烈、更加持久,引发心理危机的可能性会更大。

3.社会化程度呈现弱化趋势,解决困难的意志力和韧性下降。由于培养模式不同,研究生虽然比本科生有更多的机会接触社会,但他们的学习、生活环境基本还是在学校。他们的成长环境比较温暖顺利,生活经历也比较简单——基本辗转于学校与家庭之间,与社会接触较少,社会经验不足;面对突发事件,他们缺乏随机应变的能力,学生角色远远大于社会角色。

4.期望值过高,优越感较重。研究生被称为"金字塔塔尖人才",学识、学历较高,使他们比普通人拥有较强的优越感,以及对未来就业、事业发展有更高的期望值。但从学术氛围浓郁的校园环境步入复杂多变的社会环境,这种心高气傲的心理往往使研究生在挫折和困难面前变得消极,容易陷入自我否定的"怪圈"。

(二)研究生人格特征对心理健康影响

由于研究生群体具有以上个性特点,他们对于精神和自我的关注度会更高,而且更加敏感,涉及与"我"相关的名誉、地位、理想等问题都容易引起比较强烈的情绪反应。但是由于他们社会阅历和社会经验比较少,心理发展还不成熟,挫折承受力还不够强,因此,过高的抱负和自尊与现实的巨大落差更容易使研究生产生无力感和自我挫败感,有较为强烈的消极情绪体验,影响心理健康。心理健康问题依据程度不同,主要有心理困扰、心理障碍和精神疾病三个层次。这三种层次在研究生群体的心理问题中都有发现。

1.心理困扰是研究生群体中最为普遍的心理问题。心理困扰通常表现在研究生的学习、人际关系、恋爱与性、求职择业等方面,这是轻度心理问题,在研究生群体中普遍存在。

2.心理障碍中的某些类型在研究生中比较常见。较为常见的是神经衰弱、焦虑症、抑郁症、强迫症、人格障碍等。在面对毕业、就业、婚恋、人际交往等诸多压力时,那些具有胆怯、自卑、敏感、多疑、依赖等不良性格特点的人易得神经衰弱、焦虑症等神经症;而具有胆小慎微、优柔寡断、刻板、自我要求过高等个性特点的人易得强迫症。在研究生群体中发生严重心理障碍(精神疾病)的比例很小,但对研究生个体、家庭影响较大。

以上关于研究生人格特征的分析和研究生群体中常见心理问题类型的阐述告诉我们,研究生群体作为一个具有显著人格特质的群体,其高自我期望、内省和成就动机、过于追求完美、不强的耐挫折能力等心理特征都对心理问题的产生起到了催化作用。在特定环境和社会生活事件的作用下,非常容易产生心理问题。比如,在研究生群体中最为常见的是心理困扰型心理问题,这和研究生在学业、人生的道路上步入更高层次,面临更多选择,机会成本衡量更加复杂,婚恋和就业方向更加单一等因素密切相关,这些社会生活因素的变化本身又是人格发展的一部分。

研究生处于人格成熟的关键时期,此时,心理冲突、情绪冲突和意志冲突的发生率远远高于其他群体。因此,心理困扰是更高智商、更多思考的个体面临的经常性问题。因为思虑、自我期望、压力等引起的神经衰弱、强迫症、抑郁症和焦虑症等,并非不可思议。

第二节　研究生群体的认知特征与心理健康

认知对心理健康的影响在分析心理问题时居于十分重要的地位。因为心理现象包括心理过程和人格,而心理过程又分为认知过程、情绪过程和意志过程,而且在很大程度上认知过程对情绪过程和意志过程具有前置性影响。与其他社会群体相比,研究生群体的认知特征非常显著,对于研究生群体的心理健康而言,其认知特征也具有非常重要的意义。

一、认知与心理问题

认知或认识在心理学中是指通过形成概念、知觉、判断或想象等心理活动来获取知识的过程,即个体思维进行信息处理的心理功能。其中,知觉、判断或想象、概念等是认知的主要过程和环节。习惯上将认知与情感、意志相对应。个体认知包括自我认知和外部认知两个方面。

认知是影响个体心理健康水平的重要因素。对于同样的外界刺激，不同的人有不同的心理体验和情绪反应，这在很大程度上是因为他们对该刺激的认知存在差异。因此，一个人在精神上是苦还是乐，既与他遇到什么事有关，更与他怎样看待这些事情有关。

心理卫生学认为，每个人由于多年积累的生活经验各不相同，形成了各自独特的认知方式，而片面、错误的认知方式和非理性信念，往往是个体产生抑郁、焦虑、恐惧、自卑、适应不良等心理问题的根本原因，是心理健康和心理发展的大敌之一。

认知是刺激与反应的中介，由于认知的不同，而使刺激具有了不同性质、不同程度的意义。研究发现，心理健康状况在很大程度上与认知是否合理有关。换言之，心理障碍的背后常有不合理的认知，即非理性信念存在。

美国临床心理学家艾利斯认为，每个人既有理性的一面，又有非理性的一面；人生来都具有以理性信念对抗非理性信念的潜能，但又常常被非理性信念所干扰。也就是说，任何人都可能会有不合理的认知，但有些人则可能形成相对稳定的非理性信念，甚至被它们控制。在有心理障碍的人身上，这种非理性信念通常表现得比较明显。如"人应该得到生活中所有对自己重要的人的喜爱和赞许""有价值的人应该是全能的，应该在各方面都比别人强""任何问题都能找到一个正确或完美的答案，如果不能找到，那是难以容忍的事情""不愉快的情绪是由外界引起的，自己无法控制"等。

非理性信念通常表现为如下六个特征：

1.绝对化的要求。它是指人们以自己的意愿为出发点，对某一事物怀有认为其必定会发生或不会发生的信念。这种信念通常与"必须""应该"这类词联系在一起，如"我必须成功""他应该对我好"等。这种思考方式往往导致完美主义，无论是对自己还是对别人都容不得任何错误和缺点。持有这种信念的人往往把生活看成是非黑即白的单色调，没有中间色,因而极易陷入情绪困扰中。

2.过分概括化。这是一种以偏概全的不合理思维方式的表现。过分概括化的一个方面是人们对自身的不合理评价,夸大自己的失误、缺陷的重要性,把一次小小的失误与自己的人生价值联系起来。如一遇到失败便概括为自己"没有用",是"窝囊废";一遇到点儿不幸便认为自己"前途渺茫""一切都完了";等等。以自己做的某一件事或某几件事的结果来评价自己整个人,断定自身的价值,其结果是很容易陷入负面情绪状态中。过分概括化的另一方面是对他人的不合理评价,即别人稍有过失就认为对方很坏,无一可取,从而一味地责备他人,甚至产生敌意和愤怒等情绪。

3.糟糕至极。这种不合理信念认为某一件事情发生了,必定会是非常可怕的、非常糟糕的、非常不幸的。这种信念会使个体陷入严重不良的情绪体验之中而难以自拔,如耻辱、自责自罪、焦虑、悲观、抑郁。

4.任意推断。这是一种在证据缺乏或不充分时便草率做出结论的思维方式。如校园里见一位同学匆匆走过,未打招呼,于是,要么把责任揽到自己身上,心里想:"我什么地方得罪他了? 他生我的气了?"要么任意推断他人:"他太自高自大了!"其实可能是这位同学在想心事,根本没有注意到他。这种不合理的思维方式,因其总是做出消极的推断而常常导致焦虑、抑郁、愤怒等负性情绪,影响良好人际关系的建立。

5.选择性消极关注。这是指在看待事物时格外关注一个或几个消极的细节,而忽略其他方面,以至于觉得这个事物就是消极的。有同学考试答错了一两道题,于是就对这几道题念念不忘,甚至想到学校可能要他退学,为此焦虑不安。而事实上他的考试成绩相对其他学生来说,是优秀的。有选择性消极关注思维特点的人,在某种情境中,总是对消极信息很注意,对积极信息却视而不见,因此,造成了不必要的烦恼,甚至陷入负性情绪之中。

6.个人化。这是一种主动为别人的过失或不幸承担责任,将一切不幸、事故均归于自己的过失,陷入引咎自责、痛苦不堪的不合理思维方式。如"这次活动不成功,都怪我,是我没有组织好""我妈妈生病了,是因为我平时对她关心得不够,我很内疚"。

以上这六个方面的特征,极易引起研究生的情绪困扰,及时予以识别并纠正,可大大降低不良情绪的发生率及反应程度。

二、研究生群体的认知特征与心理问题

(一)研究生群体可能存在更多的不合理认知问题

认知偏差或不合理认知在所有人群中都普遍存在,但相对而言,研究生群体中的不合理认知发生概率要高于其他群体。之所以这样说,有两个方面的原因:

1.从某种意义上讲,"认知即现实"反映了人们认识世界的局限性和认识现实世界的方式。这种客观物质世界映射于个体世界观过程中的主观性,会因为个体认知特征问题而被放大。研究生群体恰恰符合这种特征。

认知来自学习和社会经验两个方面。现实世界纷繁复杂,个人在有限时空中能掌握的信息和能感知的客观世界非常有限,因此,对于不同的个体,客观世界也是不同的。这种不同恰恰是由认知差异造成的。这就是我们所说的"认知即现实"。

尽管对于所有社会群体而言,"认知即现实"都是适用的,但并非所有的社会群体对这种"认知即现实"的加工能力都相同。那些掌握更多知识和具有更强思考能力的人群,其加工的"认知即现实"的主观色彩将更加显著。在自然科学领域,这种经过加工的"现实"是探索客观物质世界的途径和方式,是科技进步的源泉。但在社会科学领域,经过加工的"现实"需要与社会阅历和生活经验相互印证,才不至于出现认知偏差。对于研究生群体而言,生活阅历和社会经验的相对匮乏,会大大增加产生认知偏差的概率。

2.认知的非理性还与群体的年龄、生活方式密切相关。一方面,非理性认知会随着年龄的增长而逐渐减少,另一方面,非理性认知也会随着身体能力和思考能力的提高而逐渐增长。在随着体力和思考力的增长,在

研究生阶段,研究生个体的学习认知能力几乎达到一生的巅峰。与此同时,社会阅历和社会经验还不够丰富,所承担的社会责任还比较少,这种状态也大大增加了非理性认知发生的概率。

(二)研究生群体中与不合理认知相关的心理健康问题

不合理认知是导致心理健康问题的中介因素。不少研究生存在不良认知方式,这些非理性认知的存在,对研究生的行为和思想产生了较大的影响,直接影响他们的心理健康程度。

研究生群体虽然具备较丰富的科学知识和较强的逻辑思维能力,但在日常学习、工作、生活的许多方面还存在不少错误的认知,尤其是那些有心理障碍的研究生,大多具有一系列相关的不合理信念。这些信念牢固地占据了他们的一部分思维,并影响他们的行为。他们不能理性地认识自我,认识他人,认识与自己相关的事情,从而陷入焦虑与痛苦之中,影响了个体的心理健康和人格发展。

对研究生的调查和咨询实践发现,研究生中常见的不合理信念主要表现在对自我、人际交往以及挫折的认知上。

1.对自我的不良认知。主要是对自身不能做出正确评价。在学习过程中,科学探索是对自身智力、能力和意志力的挑战和超越,挫折在所难免。但在研究生阶段,学习中的突破和挫折,往往导致研究生个体对自身能力进行错误估计,产生极端自信或极端自卑的情结。这恰恰是自我认知偏差的主要表现。自我认知需要在外界客体的评价中得到纠正,但研究生阶段学习和相对狭小的交往范围迟滞了这种纠正过程。因此,几乎所有的研究生都经历过对自身科研能力或学习能力的极端肯定或极端否定。

2.对人际交往的不良认知。对人际交往的不良认知是引起研究生人际困惑、障碍的重要原因之一,主要有:我必须与周围的每个人建立密切关系;人都是自私的,不可信任的;我对别人好,别人就应该对我好;有些人自私自利、斤斤计较,他们应该受到指责和惩罚,我不能与他们来往等。

在人际交往的认知偏差中,有一部分与自卑相关,其认知特点是以他人为中心。这种人与他人交往的目的表面上是为了使别人感到高兴,使别人满意,其实是为了获得他人对自己的认同。他们十分担心说话做事得罪别人或有什么地方让人不满意,因而总是谨小慎微,甚至畏畏缩缩,不敢大胆发表意见,总是尽力顺着别人的兴趣和意向,而不惜牺牲自己的选择权和自主权;与不熟悉的人相处,常常担心别人并没有与自己交往的兴趣,因而缺乏主动交往的勇气;不轻易接受他人的帮助,即使偶尔接受了他人微不足道的帮助,也会受宠若惊,连声致谢,并设法尽快给予回报。他们关心别人,但在集体中往往缺乏威信;人际关系良好,但对自我的满意度却较低,常有压抑感,易受人际焦虑的困扰,感觉活得很累。

另一部分的认知偏差源于以自我为中心的认知。他们认为人都是自私自利的;人与人之间是勾心斗角的、尔虞我诈的、不可相信的;只有自己才最可靠。因此,凡事从个人利益出发,斤斤计较,常为一些蝇头小利大动干戈或闷闷不乐,记恨他人;对人常怀防范之心,生怕自己的利益受到侵犯;缺乏真诚,不愿表露自己的真实想法;死守"害人之心不可有,防人之心不可无"的信条。对与自己相关的人、事、名、利非常敏感。这种人戒备心强,缺乏安全感,对他人和集体缺乏感情,同时也不指望得到他人的关心帮助,甚至认为他人的帮助是别有用心,因而孤独、寂寞、好嫉妒、缺少朋友,常与周围的人闹矛盾,甚至对周围的人怀有敌意。

3. 对挫折的不良认知。心理卫生学普遍认为,真正引起个体适应困难的,与其说是那些挫折、应激、冲突本身,不如说是当事人对它们的看法以及所采取的态度。一些研究生因挫折而陷入困扰,难以自拔甚至轻生,这在很大程度上反映了他们的认知偏差。

对挫折的不良认知主要有以下三个特征:

(1)认为挫折不应发生。研究生是同龄人中的佼佼者,他们绝大多数人是从校门到校门,没有经历社会的历练,具有的主要是学习上的优势,一般来说,成长都比较顺利。研究生阶段的学习则更加强调自主性、独立性、创新性,并且这个阶段人才济济、竞争激烈。此外,青年期所具有的一系列心理矛盾、情绪变化,也会在客观上给他们带来某些挫折。然而,对于有些研究生来说,他们对于挫折思想准备不足,当挫折来临时,面对自认为不该发生却又发生的事情,如毕业论文不合格、不能正常毕业、找不到令自己满意的工作等,有的同学表现得束手无策,变得烦躁易怒,常与人冲突;有的则感到自卑,失去信心,痛苦不堪;个别人甚至轻生。

(2)以偏概全。不少研究生常以这种认知方式去评价学习和生活中的挫折,因而很容易走上自我否认、悲观失望的狭路。他们若在某件事情上失败了,就认为自己"没用",是个失败者、弱者;碰到一点儿不幸,就觉得自己命运不济、前途渺茫。这种以一两件事来评价自己整个人,评价自身价值的认知,往往会引起强烈的挫折反应,导致自责自罪、自卑自弃的心理,产生焦虑和抑郁情绪。这种以偏概全的认知方式还表现为对他人、对群体乃至对社会的不合理评价。如别人稍犯错误或稍有不恭,就认为此人没用、很坏、没有修养等,从而对其产生否定、责备或轻视,甚至愤怒、敌意等情绪。

(3)夸大后果。影响挫折认知的第三种情况是把某一挫折的发生想象得非常可怕,糟糕透顶。此时的挫折感受主要是想象挫折感受,是一种放大了的挫折。研究生一般都自我期望值高,自尊心比较强,看重成就的取得和自我价值的实现,一旦在实现目标的过程中受挫,尤其在关乎个人前途、命运的事件上遭遇挫折或失败,极易导致他们夸大失败的后果,陷入焦虑、恐惧甚至绝望的泥潭不能自拔。

对挫折的不良认知、对人际关系的不良认知和对自我的不良认知,是导致研究生群体存在一系列心理健康问题的重要原因。概括起来讲,焦虑、抑郁、神经衰弱、强迫等神经症类型的心理问题,偏执型人格和冲动型人格等都与认知偏差密切相关。

第三节　研究生群体的社会化特征与心理健康

人的成长与发展是人的社会化过程。每个人在其发展的不同阶段,会受到不同社会环境的影响,心理也会随之不断发生变化。在特定时期,人的心理健康与人的社会化有着密切的关系。

一、人的社会化及其心理学意义

人的社会化,其核心是个人在社会组织和社会系统中的角色定位、人格适应和规范学习的问题。一个人遵守何种规范取决于他所处的由特定文化孕育的社会,这个社会规定了个人的角色(地位),同时通过规范来实现对个人的约束与引导,这就进入了个人的社会化过程。

社会化过程实际上是社会价值体系内化和根植于个人意识的过程。法国社会学家图尔凯姆(Emile Durkheim)使用内化这一概念来阐释人的社会化问题。他认为社会即文化规范的体系,超越个人意识而独立存在,通过内化过程而深植于个人意识之中。而文化的重要任务是将社会价值的体系灌输给个人,并训练个人去占有特定的位置,表演适合该位置的角色。既然这样,个人为什么还希望社会化?为什么能够被社会化?也就是说个人为什么能够接受社会文化所灌输的价值观念?其根源在于人自身的特点。一方面,人在生理方面有优越于任何动物的如下特质:漫长的童年依赖期;高水平的学习才能;语言能力。另一方面,人在心理方面有接受社会控制的可能性。人类有一种获得他人情感反应进而期待得到他人赞扬的需要。人只有在社会化过程中接受文化灌输的价值体系,遵守行为规范,才能引起他人的情绪反应,赢得他人的赞誉。这是个人社会化的心理基础[①]。

社会化的最终目的是实现个人的社会顺从。在这一过程中必然存在个人认知、情绪和意志与社会规范的内在冲突,进而导致人格适应的扭曲和压制,并由此引发社会文化对个体的情绪制裁。弗洛伊德认为人格是由"本我""自我""超我"三个部分组成的整体。人的社会化过程就是由这三部分的交互作用决定的。

1.本我。这是人的生物性特征。本我是一切心理能量之源,本我按

---

① 秦龙.个人社会化及其后果的理论考察.广西社会科学[J].2003(11):166—167.

快乐原则行事,它不理会社会伦理规范。在本我中发生动物性本能的冲动,是社会要加以控制的,大多数是不为社会所允许的。但是,这些欲望和冲动从来没有被彻底控制并根除。

2.自我。它处于个人的生物欲望与社会规范中间,当二者发生冲突的时候,自我在二者之间斡旋。它受现实原则支配。

3.超我。超我是个人在社会化的过程中将社会规范、道德标准、价值判断,即"应该如何""必须如何"等内化的结果,也就是平常所说的"良心""理性"。它遵循道德原则。自我用它来压制本我的私欲。弗洛伊德认为,如果一个人要达到心理健康,人格的三个部分必须是平衡、和谐的,而社会化的过程就是促使人格的三部分平衡发展。如果获胜的一方是本我,则会做出违背社会规范的行为,但是由于从小到大一直处于社会化的过程中,规范已经在人格深层内化了。这个过程发生在违背规范的想法的最初,或者在形成错误行为之后。在超我的照耀之下,由于对社会谴责有一种恐惧或者害怕感,甚至有时还不理解超我所代表的社会价值标准与行为模式的合理性或者可行性,内心便会产生一种情绪抵制而造成情绪制裁。所谓制裁,是指一个社会成员的所作所为,只允许符合社会的期望,而不能引起社会的反对,因而有时自然不能达到满足个人要求的目的。于是个人社会化产生了双重的后果,而对这样的后果做怎样的认知、进行何种处理将关系到个人以及社会问题的解决。

个人的社会化过程具有非常重要的心理学意义。由于独生子女家庭过分保护等导致的社会化不足,以及由于社会急剧变迁和社会价值体系混乱等导致的社会化无所适从,都是目前大学生和研究生社会化过程中出现的主要问题。加上研究生扩招和本科生就业推迟,应该在中学和大学时期完成的社会化任务被推迟到研究生阶段,研究生的成熟度与社会心理成熟度之间的落差对于研究生心理健康产生了巨大影响。

二、研究生群体社会化特征与心理问题

研究生群体在年龄上属于成人群体,成人是否具有成熟的社会心理

是衡量其社会化是否成功的重要尺度。与社会角色、社会规范认同以及人格适应不一致的社会心理成熟度,意味着其社会化水平存在问题,可能引发一系列心理健康问题。

(一)研究生作为成人的社会化标准

前文指出,社会化的本质是个人的社会角色定位、人格适应和社会规范学习问题。从一个对周围世界茫然无知的生物个体成长为一个社会成员,个体需要学习所属社会长久积累起来的知识、技能和行为规范,发展自己的社会性。而"社会成员"身份要伴随个体终生,这意味着个体需要通过持续的社会化,使自己不断适应社会生活,这就是成人继续社会化。在成人继续社会化的不同阶段,承担不同的发展任务,其社会心理成熟水平也会呈现不同的特征。

作为成人群体,研究生社会心理成熟度具有一定的衡量标准,概括起来有以下五点[①]:

1.形成独立自主的自我概念。成人即意味着独立——从依赖型的自我概念趋向独立自主的自我概念是衡量人到成年最基本、最主要的心理标尺。从儿童到成人,人的个性逐步由依赖、他律阶段向独立、自律阶段发展。在成年期,人的自我意识和自律水平成熟和基本成熟,他们大多认为自己有足够的能力进行自我指导,对自己的行为负责。因此,成人总是希望作为一个具有独立人格的人参与一切活动,希望别人把他当成人看待,尊重他的独立地位和活动能力,把他视为有自我导向能力的人。

2.达到整体一致的自我认同。认同感意味着一种与其成长和发展相一致的自我存在感。自我认同则是能觉察到自我是一个连续的、同一的个体,并能够依照自我来做事。心理学家埃里克森(E. H. Erikson)认为,人格发展的第五阶段——儿童向成人转变的过渡阶段,即这种认同感产生的时期。这个时期,人会面对一个自我认同的危机,处于不知道自己是

① 李亚杰.成人社会心理成熟的若干维度与成人学习[J].高等函授学报,2009(1):13—14.

谁,不知道自己将要成为什么样的人的混乱状态中,并会逐渐克服这种混乱感。寻求一种自我认同,并且在自我认同过程中逐渐确立一种综合能力。把自己整合成为一个较为完善的自我形象,使自己既能与外界的期望和要求大概保持一致,又能实现自我,是衡量一个成人心理成熟度的重要标准。

3.具有自我调节控制能力。自我调控是指个体控制和指导自己行为的方式。自我调控能力比较强的人在不同的情景下,面对不同的人,会有与之相适应的行为表现。成人,通常表现出较强的自我调控能力,不易被不稳定的情绪感染,当主观和客观发生矛盾时,能够控制自己的情绪,客观冷静地分析、解决问题。这种能力除了源于自我概念的独立性、自主性和自我认同的整体性、一致性外,更重要的是受到了来自组成内在心理结构的,并且表现出稳定性的世界观、人生观、价值观、生活观和政治观等因素的高度强化。

4.具有丰富多样、人格化了的经验。积累相当程度的经验,是社会化过程中成年人显示一定心理成熟水平的一个最为明显、最为特殊的标志。成人承担了多种社会角色和社会职责,这使他们积累了一定的生活经验和社会阅历。已有的知识、经验是成人继续学习的基础和依托。同时,出于成人的个性差异、受社会因素影响程度的不同等原因,成人的经验表现出个性化、多样化的特点。

5.注重"现时"的时间观念。未成年人和成年人承担的社会职责,或者说各自扮演的社会角色是不同的。因此,两者在时间观念上存在心理差异:前者眼于未来,后者侧重于现时。成年人在生活中担当了多重的社会角色,承担了与之相适应的社会职责和义务。这样,他们在对时空观念的理解和把握上更加注重"现时""当下"。对自我的定位,对客体的把握认知,对待学习、工作等都以解决当前问题为核心,注重行为的直接有用性和实效性。

(二)研究生群体社会化的问题及对心理健康的影响

对照以上成人社会化标准,研究生群体的社会化主要存在两个方面的问题：

1. 社会化不足及心理冲突。研究生阶段的社会化不足，实际上和两个方面的因素有关：一个是独生子女的成长问题；另一个是研究生扩招之后本科生就业后置推迟了青年人的心理成长。

社会化不足指社会化程度较低，没有达到作为一个社会成员应有的水平。社会化不足的人在心理上和行为上一般表现为强调自我，忽视外在环境对自我的要求，通常性格孤僻、不大合群、不谙世事、爱闹矛盾、难与他人合作共事。在我国大学中，从本科生到研究生，当前独生子女校园主体化、研究生呈现低龄化是一大特点。由于以往的学校教育及家庭教育存在一些缺陷，过分注重智力发展，不重视其心理方面的同步发展，这些研究生中有相当一些人的身心发展很不平衡。例如不少研究生在表现出具有自信、勇于追求和创新、可塑性强等优点的同时，又表现出自负、盲动、自我封闭、自我中心、人际协调和交往能力及耐挫折能力弱等缺点，心理发展不成熟，自律意识、自理能力水平也相对较低。本科和研究生阶段都是人的自我意识急剧发展的时期，研究生对自我认识非常关注。我们知道，个体对自己的认识，通常是在与他人的相互作用过程中，通过他人对自己的态度反应来认识和界定自己的，主要是一种"镜我"。社会化不足的问题必然会影响到研究生的形象，影响到他人对他们的评价。当他们在接受或感受外部的这些评价或态度且又不能正确对待时，就不仅会影响到他们的自我知觉，还会使得他们由于理想我与现实我的差距过大，产生过度焦虑，或受自尊心、维护自我等心理的影响，进一步地自我封闭，不愿与人交流，产生孤独感等心理问题，甚至出现行为偏差。

2. 社会化过度及心理冲突。过度社会化是指社会化程度过高或过快，超过了研究生社会化标准的畸形社会化现象。主要有两类：一是在行为上，表现为片面强调社会行为知识的学习和体验，社会习气较浓，超越了研究生年龄阶段的行为标准；在心理上则表现出异常成熟，热衷交际，阔谈享受，讲究"人生得意须尽欢"或者是"看破红尘"等。二是过分强调社会和他人取向，忽视或丧失个性，行为上或是唯唯诺诺，或是八面玲珑、圆滑世故等。研究生过度社会化,容易使人格受到挤压或导致人格缺陷,这些又会影响到良好人际关系的建立与真挚友谊的获取,影响到对人生、人间真情的认识与感受,进而引起研究生出现多疑、过分敏感、孤独、自卑、冷漠、极端、变态等心理问题,从而引发心理不健康。

人的社会化既是一个过程,又是一种状态,是通过个人和与之相关的其他人及群体、组织的相互作用而展开的。其中,家庭、学校、同辈群体、参照群体、大众传播媒介的影响既是最普遍的,也是最重要的。对研究生来说,让自我与社会达成融合状态,这是社会化的最好状态,也是一种主观与客观的动态平衡。这就要求研究生客观地认识自己,客观地认识社会环境;要求研究生学会在为社会服务的过程中,满足自身的物质和精神需要。

只有如此,研究生才能成为一个自觉、自律又可自如地适应社会的成员,才能在健康地成长中实现个人价值。为此,我们应该从为社会培养健康、合格的高素质人才这个根本出发,不断提高研究生的社会化水平,使其能积极地适应社会。

(三)家庭在研究生社会化及心理健康中的责任

家庭对目前高校研究生群体的心理健康问题负有重要责任。家庭是孩子早期社会化的第一场所、第一课堂,父母是他们的第一交往对象,更是他们在早期发展阶段的核心影响源。其中,父母的教养方式、家庭氛围、家庭经济状况、父母的期望值等因素,对研究生心理健康的影响是十分明显的。

当前在校研究生中独生子女比例较大,他们是父母的骄傲,承载着父母全部的希望和寄托,曾有研究生讲:"父母对我要求一直都很高,从小学、初中、高中、大学到现在考研,母亲要求我必须考研,还要考名校,将来要出国深造。母亲讲,就这么一个孩子,成功了就是100%成功,失败就是100%失败,所以,只能成功不能失败。父母的全部希望都寄托在我的身上。"可父母及亲朋的高度关注,与孩子实际并不相符的过高要求却成为研究生沉重的心理负担。虽然父母"望子成龙""望女成凤"的心情可以理解,但每个人的能力和特长都不同,不切实际的目标和要求,只会对孩子的成长与发展带来不良影响,造成过重的负担和不必要的压力。如不少父母只关注孩子学习,承诺孩子"只要学习成绩好,其他事情父母办",由此造成一些研究生高分低能,生活自理能力差,心理发育不成熟,人际交往障碍等。

家庭氛围的好坏也对研究生心理发展产生重要影响。在和谐温馨的家庭环境中长大的孩子,具有比较完善的人格特征,社会适应性较强;在家庭矛盾突出、父母关系紧张或者离异家庭中长大的孩子,往往容易产生人格缺陷,社会适应不良,容易产生心理问题。另外,家庭经济状况的好坏与研究生心理健康状况也存在一定关联,家庭贫困的研究生容易表现出自卑、敏感、脆弱的心理特征,他们更容易产生心理问题。

父母的教养方式对孩子人格的形成具有重要影响。在个体社会化的过程中,父母的教养方式发挥着重要的作用。家庭是一个人性格的加工厂,父母是孩子的启蒙老师,研究生存在的个性偏差更多受到家庭父母的不良教养方式的影响。

父母心理健康理念的缺失对孩子心理成长有重要影响。受应试教育的影响,很多家庭重智育轻德育,重身体轻心理,他们没有心理健康的意识,更没有心理健康相关知识。只关心孩子学习的好坏、身体是否健康,忽视了对孩子的心理成长和健康发展关注。这种情况在农村生源的学生身上表现尤其明显,当然这与家长的受教育程度有关。

第四节　社会压力对研究生群体心理健康的影响

在心理健康影响因素中,外在压力是导致研究生群体各种心理问题的重要因素。研究生群体在目前的社会背景下,属于承受压力最重的社会群体之一。

一、社会价值观功利化与压力的形成

目前,人的价值的衡量标准越来越单一。从哲学上讲,人作为主体,其价值对象展现在客体上。主体对客体的价值和意义,实际上就是主体的价值本身。从人的发展、人的现代化和人的自我实现的角度看,人的存在及其与外部世界的和谐相处,本身就是人作为主体的价值。但是,随着市场经济的发展和资源、机会、地位竞争的激烈化,成功逐渐成为衡量人的价值的唯一标准,而成功的标准又逐渐固化在事业、金钱、地位等名利的衡量上。这使得处于知识学习最高阶段的研究生的压力迅速上升。

作为社会群体中的高学历成员,研究生们肩负着社会、学校、家庭、个人等多方面的期待,承受着来自学业、就业、婚恋、经济以及自我期望目标实现等带来的巨大心理压力。随着我国研究生教育规模不断扩大,在校研究生人数迅速增加并呈低龄化态势,研究生面临着学业、就业、人际、经济、婚恋等方面的问题及困惑,因心理问题引发的研究生休(退)学以及其他应当避免的恶性事件也时有发生。如果不重视这些问题,必然会造成严重的社会后果,成为我国高等教育的极大隐患。

"压力"一词对应的英文为"stress",有人将它翻译为"应激"。压力在物理学、建筑学和工程学中是指负荷、应力、应变,后借指人类面临的困境、逆境。到 20 世纪 50 年代,"压力"这一概念由汉斯·塞利(Han Se-lye)引入医学和心理学。半个多世纪以来,有关压力的研究越来越受到人们的重视,人们试图从不同的视角对压力进行界定。所谓压力,并非单纯地指向客观实践本身,更多的是人们对压力的主观体验。一种说法认为,压力本身就是客观事件对个体的刺激;另一种说法则认为,压力是压力源与环境条件变化对主体提出的要求和个体对它的反应。从心理学角度看,压力无法抛开主体体验而单独存在,即一个压力事件发生或存在了,若主体对其漠视、不关心,或虽然意识到压力的存在,但认为不值得认真对待,那么压力就无从谈起了。因此,压力是压力源和压力反应共同构成的一种认知和行为体验过程。

二、价值实现的社会压力与心理问题

心理压力过大,会引发一系列身心问题,这已经得到许多研究的证实。研究发现,无论是长期的心理压力还是短期的心理压力,都会影响人们的身心健康。持续过高的心理压力可以使人们出现认知偏差、焦虑、抑郁、情绪激动、易激惹、行动刻板等问题,甚至影响人们个性的深层部分如自信心等①,进而影响学习、生活、人际交往、工作等社会功能。特别值得关注的是压力的累积效应,当各种压力在同一时段纷至沓来时,容易导致顷刻间爆发甚至导致轻生。

影响研究生心理健康的压力源主要有以下四个方面:

(一)学习压力

研究生主要采取的是自主学习形式。研究生阶段的学习具有专业性、独立性、创新性强等特点,强调学习者要发挥自己的积极性、主动性进行自主学习。

研究生的学制一般是2～3年,在规定的时间内不仅要修满学分,还要完成实验、毕业论文、课题等任务,而且研究生阶段的学习更强调自主学习以及创新能力的培养。根据高敏等调查结果显示,研究生中有58.9%的人感到有学习压力,压力来源依次为论文撰写困难、实验进展缓慢、对课题不感兴趣等②。与硕士研究生相比,博士研究生的学业压力更大。在职攻读博士学位的学生既要完成工作单位的工作量,又要完成博士学业;从校园到校园的博士,既要面对学业压力又要面对生存压力。近些年,为了保证研究生的培养质量,研究生培养单位几乎都加大了对研究生的教育管理力度,对研究生的学业、毕业提出了更为严格的要求和条件限制,如英语过六级、公开发表学术论文,甚至要求发表 SCI、CSSCI 论文等硬性过关指标。达不到要求,就不能进行论文答辩,从而顺利按期毕业。因而研究生为了能够顺利毕业,不得不花费大量的精力、财力来应付这方面的要求。如此一来,研究生不可避免地面临更大的学业压力。另

---

① 俞国良,王燕.日常生活压力与学生的心理健康[J].教育科学研究,2000(3):33—39.

② 高敏.高校研究生心理压力状况调查研究——以河海大学能源与电子学院研究生为例[J].科教导刊,2012(6):89—90.

外,现在研究生的生源越来越复杂,学生专业基础水平参差不齐;部分学生的考研、考博动机存在偏差,功利思想较重,更多是为了延缓就业压力,将来找一份好工作。为了能给自己的就业增加筹码,研究生们还热衷于参加各层次、各种类的考试,如公务员考试、司法考试、职业资格考试等,不可避免地对专业课的学习及研究造成冲击。同时,随着学校招生规模不断扩大,导师的数量不能很好地满足学生不断增长的需要,加之导师自身科研和教学负担较重,出现导师对学生指导不力、不到位的现象。所有这一切,都使得研究生的学业压力增大,他们担心自己达不到学校的要求,拿不到学位,就会直接影响就业,影响到以后的前途,会对自己、对家人造成遗憾,从而导致焦虑情绪的产生,甚至导致抑郁症、焦虑症等心理障碍,个别学生产生自杀行为。

(二)就业压力

随着研究生招生规模的不断扩大,人数的不断增加,研究生的就业形势越来越严峻,竞争越来越激烈。

目前,就业压力已经成为研究生的主要压力源之一,是影响研究生心理健康状况的重要因素。卢绍君等研究结果显示,有工作与没有工作的博士生在心理健康状况方面存在显著差异,有工作的博士生比没有工作的博士生心理健康状况好。杨雪花等人的研究指出,在硕士、博士研究生的心理压力来源中,排在第一位的就是就业压力[①]。

杨青松等的调查显示,有44.83%的研究生认为自己的就业前景"压力很大"[②];高敏等调查统计显示,50.8%的研究生认为就业压力较大,10.5%的学生对就业前景持不乐观态度,仅15.8%的研究生持乐观态度。另外,应届毕业生非常关心近年行业内的就业趋势及走向,以便从中获取有用信息。70%以上的应届毕业生每天都会浏览相关就业网站两次

① 杨雪花,张环,温卫东.某高校研究生心理健康状况及其心理压力现状分析[J].中国学校卫生,2007(10):895−896.

② 杨青松.湖南部分高校研究生心理健康现状调查与分析[J].湖北经济学院学报,2012(7):166—168.

以上,筛选合适的岗位并投递简历①。若自己中意的单位未发送面试通知,学生容易出现失眠、焦虑、情绪低落等现象。

导致研究生就业压力增大的原因主要有三个:一是社会原因。随着研究生的扩招,研究生队伍越来越庞大,但是相应工作岗位和社会对人才的需求并没有相应增加。目前,在人才市场上,已经出现了硕士研究生与本科生甚至是专科生争抢工作岗位的现象;过去研究生就业的主要渠道——高校、科研单位等都提高了进入门槛,非博士生不要;而一些单位出于人力成本、求职者的可塑性等方面考虑选择本科生而不是研究生;部分用人单位还存在对求职者的学历(包括第一学历)、年龄、性别等歧视。这些客观因素的存在,导致研究生的就业形势不容乐观。二是学校原因。高校对研究生的培养目标模糊,对研究生的培养大多不能真正满足市场的需求,更多的还是灌输式教学,研究生的培养质量普遍缩水,部分研究生在择业过程中因为社会经验少、能力不足,导致信心不足。这些都给当初抱着雄心壮志来读研的研究生造成很大的心理落差。三是个人原因。研究生就业期望值过高是导致就业压力增大的内在原因。对绝大多数研究生来说,读研是为了以后有更好的发展,有相当多的研究生为了回避就业压力而选择读研,有的人甚至在本科毕业后已经找到了工作或者是已经工作几年,但是为了读研究生放弃了工作。他们这么做的原因只有一个:因为他们相信研究生毕业后一定会有比现在更好的发展。他们对自己的期望非常高,认为暂时的放弃是为了将来能有更多收获。加上目前研究生的教育成本不断加大,他们认为二十几年的寒窗苦读,投入那么多的时间、精力、财力,现在应该是有回报的时候了,自然而然会对就业产生较高期望值。因此,许多研究生把研究生文凭当作就业的"敲门砖",在择业时,讲条件、讲待遇,绝不低就。但是实际情况是,研究生已经开始遭遇"就业寒冬",面临严峻的就业困境。

---

① 高敏.高校研究生心理压力状况调查研究——以河海大学能源与电子学院研究生为例[J].科教导刊,2012(6):89—90.

女性研究生就业问题突出。为了逃避就业的压力，更多的女生本科毕业时选择了考研。但是，女研究生毕业后仍会面临同样的问题，并且受各方面因素的影响，女研究生的择业和就业面比较狭窄，就业相对困难。主要原因在于就业市场存在性别歧视，女毕业生在求职过程中处于弱势地位，不少单位或在招聘条件中明确提出男生优先或在面试过程中委婉表达更倾向于招聘男生。造成这种局面的原因有很多，有的是工作性质原因，如需要经常出差、劳动强度大等；有的是用人单位的原因，如用人习惯、单位男女职员比例问题等；更有普遍的考虑，女性入职后即将步入婚姻，此后很大的精力要转移到家庭上。这些状况，无疑对女毕业生的就业提出了更多挑战，特别是在就业市场竞争十分激烈的背景下，女性研究生就业压力就愈显突出。

(三)婚恋压力

研究生绝大多数处于 25～35 岁之间，这个阶段属于成年初期，个体的发展任务之一就是从精神上独立于父母或其他成人，做结婚及进入家庭生活的准备，大多数研究生已经到了"男大当婚，女大当嫁"的年龄。因此，研究生情感需要的满足在这个阶段就显得特别迫切，尤其对于那些原来因为沉重的学业忽略了甚至压制自己情感需要的学生更是如此，大多数研究生把恋爱甚至是结婚当作他们这个阶段必须完成的任务。但是，由于研究生生活活动范围相对狭小，交往对象有限；或择偶条件比较高，太过完美主义；或学业负担重，没有过多时间与异性交往等原因，导致研究生很难弥补感情的空白而处于压抑、郁闷、孤独状态，特别是对于博士研究生来说情况更是如此。因此，这一群体中大多数人尚未能在法定年龄迈向婚姻。在婚恋问题上，常常背负着来自家人、朋友、社会以及个人等多方面的压力。其中女研究生承受的压力更大。

卢绍君等对已婚、未婚研究生的心理健康状况调查结果显示，已婚的研究生心理健康状况好于未婚研究生，已婚学生在强迫、人际敏感、抑郁、焦虑、精神病性五个因子及量表总均分上都显著低于未婚学生[①]。不少案例也表明,情感危机是诱发研究生心理问题的重要因素,有的人因此走向极端,甚至引发悲剧。

(四)经济压力

目前,我国的在读研究生,大致可分为国家公费研究生、定向研究生、委培研究生、自筹经费研究生等。定向研究生为在职人员,在读研期间不转工资关系,享受在原单位工作时的工资、福利待遇,他们在读研期间经济上基本不存在问题。委培研究生的培养费用由委托单位提供,毕业后到委托单位工作,在读期间,委培单位一般将其视为本单位工作人员,给予较为固定的工资收入,所以他们的读研生活也并不会太艰苦。没有稳定工资收入的研究生则是国家公费研究生和自筹经费研究生。在职研究生和委培研究生只占我国在读研究生总数的很小一部分,国家公费研究生和自筹经费研究生则是我国在读研究生中的主体。也就是说,我国在读研究生中大部分人没有稳定的工资收入。随着我国教育体制的改革和招生规模的不断扩大,自筹经费研究生的数量在不断增多,比重在逐渐增大。而自费研究生相较于公费研究生而言,面临的经济压力更大。他们不仅要缴纳一定数量的学费,而且还没有国家发放的普通奖学金,如果没有积蓄和经济支持,生活的艰难可想而知。到了研究生阶段,随着知识层次的提高,年龄的增大,他们的自我独立意识更强。在经济上,他们不再像本科生、中小学生那样,可以心安理得地依赖父母的供养。但大部分研究生没有稳定丰足的工资收入和福利待遇,他们在学业之余,不得不积极地寻找维持生计的机遇,相较于公费研究生,他们不得不一方面完成繁重的学习任务,一方面四处奔波忙于生计,这样做需要协调学业、科研、兼职三者之间的矛盾,从而又增加了新的压力。国家、社会、各研究生培养单位为缓解研究生的经济压力,采取了许多有力的措施。例如设立奖学金。

---

① 卢绍君.博士研究生心理健康状况与社会支持、应对方式的关系研究[J].2012(9):1397－1400.

家庭比较贫困的学生的经济压力尤为巨大。一方面,贫困研究生中大多有本科助学贷款的历史,读研需要的学费和生活费等开支,促使该部分学生只能继续选择助学贷款。另一方面,受社会上"攀比风""吃喝风"的影响,当今大学校园存在一种追求虚荣、竞相消费的现象。对于部分贫困生来说,他们虽然经济条件不好,但为了"面子",又不得不"大大方方"地花钱,这给生活上本来就窘迫的贫困生增加了额外的经济压力。另外,有些贫困生为了自尊和面子,不愿意去申请和参与学校安排的勤工助学活动,失去了一些获得生活补贴和经济收入的机会。由于经济条件的局限,有的同学常表现出自卑、信心不足,与同学相处时敏感而自卑,产生焦虑和抑郁情绪,直接影响到他们的正常生活。那些"半道出家"、拖儿带女的已婚研究生负担就更为沉重。

各种压力的叠加使一些人出现焦虑、抑郁失眠、情绪不稳、学习效率低下等不良状态,滋生出各种心理问题,一旦长期得不到宣泄就可能引发心理疾病,甚至出现自杀倾向。

第五节　社会支持系统对研究生群体心理健康的影响

研究生群体心理健康问题的出现有认知因素、人格因素、社会化因素和社会压力等方面的原因,但如果有一个强大的社会支持系统,则可以阻止心理问题的发生或者恶化。

一、社会支持系统与心理健康

(一)社会支持系统

心理学界对社会支持的研究始于 20 世纪 60 年代,是在人们探求生活压力对身心健康影响的背景下产生的。但是直到 20 世纪 70 年代,社会支持才首次被作为专业概念由 Cassel 和 Cobb 在精神病学文献中提出,之后,很多著名学者将其作为一门科学进行了广泛深入的探讨和研究。

社会支持是一个多维度概念,在不同的研究领域或不同的角度对其有不同的理解,所以迄今为止,对于社会支持的内涵在各个学科之间乃至学科内部都未能达到统一。《当代社会科学大辞典》认为,社会支持是人与人之间的亲密联系,这种联系在个体面临困难或威胁时,可以为个体提供精神或物质上的帮助,是心理社会压力与心理障碍之间的中介因素之一。Caplan指出,社会支持是持续的社会集合,该集合为个体提供有助于认识其自我的机会,并使个体对他人的期望得以维持,构建这个集合的具有支持性的他人会在个体需要的时候,向他提供信息或认知指导,以及实际的帮助和情感支持。就国内已有的研究来看,有代表性的观点主要有:李强认为,"从社会心理刺激与个体心理健康之间关系的角度来看,社会支持应该被界定为一个人通过社会联系所能获得的能减轻心理应激反应、缓解精神紧张状态、提高社会适应能力的影响"[1]。陈成文认为,从社会学意义角度上来说,社会支持是一定社会网络运用一定的物质和精神手段对社会弱者进行无偿帮助的一种选择性社会行为[2]。贺寨平从社会网络的视角出发,指出个人的社会支持就是指个人能借以获得各种资源支持(如金钱、情感、友谊等)的社会支持网络,通过社会支持网络的帮助,人们解决日常生活中的问题和危机,并维持日常生活的正常运行[3]。

社会支持大致可分为两类:一是客观的、实际的、可见的支持,包括物质上的直接援助,如从家庭、婚姻、朋友、同事或组织、团体的交际等中获得的援助;二是主观的、体验到的或情绪上的支持,指个体受到社会的尊重、被支持、被理解的情绪体验和满意程度。

---

① 李强.社会支持与个体心理健康[J].天津社会科学,1998(1):67-70.

② 陈成文.论社会支持的社会学意义[J].湖南师范大学社会科学学报,2000(6):25-31.

③ 贺寨平.国外社会支持网研究综述[J].国外社会科学,2001(1):76-82.

(二)社会支持系统与心理健康

社会支持是影响心理健康的一个重要因素,个体所获得的社会支持对其积极适应社会和个人发展有显著影响。有的研究已经发现,个体的社会支持状况与身心健康之间存在显著的正相关,社会支持在应激状况下能够有效地缓解个体的心理压力。社会支持在心理健康中所起的主要作用是对心理健康的增进和维护,目前得到普遍承认的研究结果集中在两个方面[①]:

1.主效应模型认为,社会支持具有普遍的增益作用,它不一定在心理应激情况下才发挥保健作用,而是在平时维持个体良好的情绪体验和身心状况,从而有益于心理健康。无论个体的社会支持水平如何,只要增加社会支持必然会导致个体心理健康水平的提高。这在社会孤独者与高社会支持者身上都得到了证实,亦即无论个体是否面对压力情境,高的社会支持总伴随着良好的心理状况,两者之间存在着显著的正相关。

2.缓冲器模型认为,社会支持仅在应激条件下与心理健康发生联系,它缓冲压力事件对心理状况的消极影响,保持与提高个体的心理健康水平。

目前,对这两种模型的认识尚未统一。有的研究支持前者,有的研究支持后者,还有的研究两者都赞同。

大量研究表明,社会支持与研究生心理健康有明显的相关性,获得社会支持越多,研究生的心理健康状况也就越好;研究生社会支持状况对焦虑、抑郁程度有显著影响,其社会支持各维度及支持总分与焦虑总分、抑郁严重度指数之间均呈显著负相关。研究生的社会支持状况和主观幸福感各指数也存在显著的相关性。社会支持状况良好的研究生,其体验到的积极情感越多,对生活也比较满意。相反,则体验到的抑郁焦虑、紧张、烦躁等消极情绪较多,对生活的满意程度低,这为今后对研究生进行有效

---

① 宫宇轩.社会支持与健康的关系研究概述[J].心理学动态,1994(2):34—39

的心理干预提供了更多手段和方法①②③。

二、研究生心理健康的社会支持系统

(一)家庭因素是保障研究生心理健康的关键

家庭是研究生社会支持系统的第一个链条和关键环节。在研究生的社会化和独立人格形成过程中,家庭一直起着保驾护航的作用。与此同时,研究生个人面对家庭的特殊责任和道德自我约束也意味着家庭在研究生心理健康的社会支持系统中处于特殊且重要的地位。

研究生阶段,个体比本科时更为成熟,也更加独立,他们无论是在物质上还是精神上更倾向于对家庭有较少的依赖,以减轻家庭的负担,而往往靠自己应对生活、学习中的压力。大多数研究生在与家人的交往过程中,多是报喜不报忧,以了解家人近况、汇报自己成绩为主,很少谈及自己的压力。家庭支持在大学生支持系统中已不占据主要地位,同伴支持的重要性反而有所上升。

(二)个体人际关系是影响研究生心理健康的核心

同学应当是研究生社会支持系统中的重要组成部分。但是,研究生的同学关系并不乐观,人际沟通不畅、交往困难已经成为当前研究生的重要压力源之一。不少学生认为孤独感强,找不到组织,同学之间、师生之间缺乏交流。

作为一个社会人,与他人建立良好的人际关系不仅可以帮助我们自己克服生活中的寂寞孤独,而且良好的人际关系提供的社会支持对我们的身心健康有着不可替代的作用。沟通不畅已成为诱发研究生心理问题

---

① 姜松梅.应对方式、社会支持在研究生心理压力与心理健康中的影响研究[J].扬州大学学报(高教研究版),2011(1):80－84.

② 目丹凤.硕士研究生心理健康与社会支持的相关研究[J].山西医科大学学报,2010(11):950－952.

③ 卢绍君.博士研究生心理健康状况与社会支持、应对方式的关系研究[J].中国健康心理学杂志,2012(9):1397－1400.

的重要原因。研究生在人际交往方面存在的问题常表现在以下两个方面：一是与同学的交往和相处，二是与导师的交往。研究生阶段，课程设置较少，学生的学习形式以自主学习、研究性学习为主，强调发挥个体的能动性、独立性；研究生的数量较之本科生减少很多，学生之间很难再像本科和专科阶段那样有充足的相互交流时机，人际交往面非常狭窄。尤其是博士生，基本是沉浸在自己的科研与学术中，人际网络更加窄化，往往忽略与他人的交往，导师们所带学生较多，加上导师们的科研与教学任务比较繁重，很难经常和学生沟通，有的师生一年也见不上几面，即便是指导也主要集中在专业成长方面，很少涉及就业指导、个人情感等方面；另外，部分导师的责任心有待加强，缺乏对学生的有效指导，有的导师甚至只是把研究生当作免费的打工仔，这必然会导致研究生产生不满情绪，加深研究生与导师之间的矛盾。导师是研究生学习研究的引导者、领路人，一旦研究生与导师沟通不良，必然会影响研究生的学习与发展，进而加深研究生与导师之间关系的不和谐，而师生关系不和谐会增加研究生的烦恼和心理压力。

同学之间交流变少，大家都是各自忙各自的事情，有了问题基本是自己扛着，既不与人倾诉，也不求助专业机构，这样很容易把问题积压下来。就像有博士讲："有时候我半个月在实验室，等离开后觉得与世界隔绝了……"①文科研究生的生活轨迹往往就是宿舍—食堂—图书馆，理科生则是宿舍—食堂—实验室，并且多是独来独往。同时，研究生内部的学生会组织松散，很多名存实亡，文化社团稀少，几乎没有文艺活动。在这种单调、枯燥、沉闷的环境中学习和生活，同时又缺少与周围人的交流沟通，难免会产生孤独、寂寞甚至是空虚感，导致性格更加孤僻甚至产生心理扭曲等问题。另外，研究生群体结构复杂，成员之间背景、经历、年龄、期望、问题等差异大，增加了沟通难度；加之独生子女的比例大，他们自我意识

---

① 段鑫星.博士生为何轻生？——博士压力及应对策略研究[J].青年研究,2007 (4):27—33.

较强,缺乏集体协作精神,在合作中容易产生矛盾。以上原因的存在削弱了研究生来自同学的社会支持。

(三)学校管理服务系统是研究生心理健康的保障

在研究生的心理健康社会支持系统中,学校的管理服务系统是一个不可或缺的环节,它是研究生心理健康维护的关键环节和保障。在研究生学习期间,研究生导师等相关教育、管理者对研究生人格健康成长和心理健康具有重要影响。

研究表明,导师在研究生的人际交往中具有非常重要的地位,是研究生生活中的一个重要他人。徐莹莹研究结果显示,在与导师的交往中,40.2%的研究生能够主动向老师请教,34.0%的研究生是以常规上课的形式与导师交往,因导师邀请与导师交往的研究生占21.0%,因被动遭遇与导师交往的研究生有4.7%。以上数据表明,74.2%的研究生能够积极主动地与导师交往[1]。

因此,尽管大多数研究生能与导师处理好关系,但是部分研究生仍然认为与导师的相处压力很大,与导师缺乏沟通。

---

[1] 徐莹莹.研究生人际交往:导师、同学、家人三分天下[J].教育与职业,2007(9):78—79.

第四章 研究生心理健康教育的主要方法

第一节 研究生心理健康教育的基本内涵

心理问题制约研究生的学术产出及成长发展,心理状态是影响研究生教育质量的核心因素之一。以心理健康教育、心理干预为主要内容的心理建设成为研究生教育质量保障体系的重要组成部分。随着全球研究生教育规模的扩大和研究生心理问题的频发,研究生心理问题逐渐引起社会广泛关注。

一、研究生心理健康教育的功能

研究生群体承载着家庭和社会的高期望,但以焦虑、抑郁等为主要特征的研究生心理问题像一股暗流,制约着研究生的成长发展,甚至威胁他们的生命安全。这些心理问题主要来源于科研、就业、经济、导学关系带来的压力。探索有效的研究生心理健康教育手段,是目前提升研究生教育质量的关键举措。

(一)研究生心理健康教育具有促进社会发展的功能

1. 研究生健康的心态有利于推动社会经济发展

在全球经济飞速发展的形势下,国际竞争的核心是人才的竞争。研究生教育为科技、文化等领域培养人才。研究生作为接受高等教育的群体,是科学研究、成果输出的主要力量,高校对其求真务实、相互协作精神和社会责任感的培养显得尤为重要。研究生群体的心态和抗压能力与其心理健康状况及心理健康教育的效果密切相关。

2.研究生健康的心态有利于文化传承和创新

文化多样性是人类文化深度交流的结果,是信息时代、开放时代不同文化相互学习、相互交融的重要体现。21世纪科学技术发展迅猛,加强国际国内交流是必不可少的。研究生有很多机会去参加本专业的国际、国内学术活动,吸收研究新知识和掌握新锐观点。研究生群体健康的心理状态有助于其更好地发挥文化自信,向外传播国家和民族的优秀文化,展现中华民族优秀文化的独特魅力,并汲取其他文化中的精华。

3.研究生健康的心态有利于家庭和谐与幸福

著名教育家苏霍姆林斯基认为,家庭风气既是进行家庭教育的前提条件,也是一种有效的教育方式。家庭氛围是由家庭中各种主客观因素综合形成的,其中,主观因素起主导作用,家长的文化素养、行为习惯、生活态度、思想境界,以及性格气质等,会对家庭中的每一个成员产生无形的影响。当前研究生大都属于90后,这一群体肩负着原生家庭与新生家庭融合的关键任务。一个心理健康、情绪稳定的研究生面对父母的期望以及新的家庭成员时会积极营造稳定和谐的家庭氛围,平衡两代人的亲子关系,帮助家庭成员树立面对困难的信心,使家庭成员的心理健康水平不断提高。

(二)研究生心理健康教育具有辅助个体成长的功能

1.良好的心理状况有利于提高研究生的社会适应能力

世界卫生组织为健康下了一个定义:良好的心理状态与社会适应力,以及健壮的体魄。[1] 由此可知,适应社会的能力是研究生的基本能力。可以从两个方面了解个人的社会适应能力如何:一是外界对个人的综合评价;二是个人对自我的评价及个人行为表现。一个人自感不能适应社会,主要是因为心理压力过大而产生一系列生理及心理变化。心理压力是指人对外界的威胁、挑战等,经过主观评价之后,产生的一系列生理及心理反应。自我评价是心理压力产生的主要因素。研究生群体需要承受

---

[1] 夏新颜,杜智娟,赵辉.大学生健康心理学[M].南京:南京大学出版社,2018.

学习、就业、恋爱及婚姻等多重压力。能否做好个人心理压力调适以及建立正确的认知体系决定着研究生能否良好地适应社会。

2. 良好的心理状况有利于促进研究生人格的健全

在心理学上，人格被定义为个体固定了的认知、情感、行为方式的总和。人格健全的人具有合理的自信心，不会在困难面前妄自菲薄，也有自我批判意识，能以平和的心态看待事实，以清醒的头脑来处理问题。健全的人格还包括个人在创新活动中表现出来的大胆怀疑、勇敢批判及丰富的想象等富有创新精神的品格和利他主义人格。当前研究生群体生活在日新月异的环境中，有些研究生自身抗压能力弱、缺少应变能力，心理长期处于亚健康状态。美国哈佛大学心理学家加登纳提出，内省智力是人类智力的一种，它泛指个人认识、洞察和反省自我的能力，表现为能够正确地认识和评价自身的情绪、动机、欲望、个性意志，并在正确的自我意识和自我评价的基础上形成自尊、自律和自制的能力。培养研究生群体的自我觉察能力，不断提升其人格品质是心理健康教育的重要目标之一。

3. 良好的心理状况有利于研究生正确价值观的形成

人生价值是指人的生命及其实践活动对于社会和个人具有的作用和意义。研究生群体积极的人生价值观的形成需要建立在良好的心理状况的基础之上。人本主义心理学认为，人类有一种天生的"自我实现"的动机，即一个人发展和成熟的趋力，它是一个人最大限度地实现自身各种潜能的趋向。一个有正确价值观的人，会认真对待自己的工作和学习，同时会关心社会以及环境，并有较高参与社会活动的意愿和自觉维护集体利益的意识，能肩负起某些社会责任。培养研究生群体积极的世界观、人生观和价值观可以促进其更好地全面发展，并合理规划人生发展轨迹。

(三)研究生心理健康教育有利于积极因素的养成

研究生心理健康教育能够帮助个体发现存在的乐趣，构建可持续发展的社会契约，实现个体对人性的更深层次的理解。研究生心理健康教育的开展，对于研究生心理问题的消解具有重要作用。

1. 研究生心理健康教育有利于研究生积极情感的养成

具有积极情感的人通常具有较高的社会融合度，能够结识较多的朋友，参与广泛的社会活动。研究生的积极情感，首先是享受学习的酣畅感。研究生要能够全神贯注地投入学习中去，能够不被学习的枯燥和学习中遇到的困难所阻碍、牵绊，拥有一股使不完的劲儿，能够始终坚持学习。这种酣畅感往往在一个周期结束之时会有更加真切的体验。其次是研究生的幸福感。心理学家通常以主观判断为标准来界定幸福，即认为幸福就是评价者根据自己的标准对其生活质量进行的综合评价。[①] 对研究生而言，幸福就是对自己的研究生生活整体满意，且这种感受能够持久存续。研究生的幸福感与个体对生活的期望、生活的环境，以及自身对心理力量的控制能力密切相关，这些因素可以影响诸多方面，如健康、收入、成就、婚姻等。例如学业的成功不能直接等同于幸福，幸福感取决于研究生对自己的学业水平、周围人的学业水平，以及自己对学业实际水平的自我感受。学业成功只是通往幸福的一条路径，学业成功未必幸福，幸福也未必一定学业成功。再次是情绪的创造性。情绪的创造性体现的是一种精神，这种精神能够激发研究生思考生命的价值，形成自我对生命的体悟。这是一种积极与世界关联的态度，是一种活跃的情绪表达。情绪的创造性能够帮助研究生形成诸如专注、勤奋、坚毅等积极人格品质。

2. 研究生心理健康教育有利于研究生积极认知的养成

认知是人脑对实际的辩证反映。[②] 认知是有意识的，是个体对信息加工的过程，具有一定的独立性和创造性，认知能够设计新事物，指导行动去改造现实世界。乐观的态度和坚定的理想是影响积极认知的两大因素。研究生对生活本身的认知不同于本科生的稚嫩，也有别于社会人的深刻，但其面对的生活现实也是多元的、复杂的，在生活和学习中经常会遇到挫折和失败，因而乐观的态度和坚定的理想有助于研究生保持健康的心态。研究生的乐观就是在面对学业的困境、感情的挫折、生活的艰辛

---

① 刘翔平.当代积极心理学[M].北京:中国轻工业出版社,2010.
② 陈南荣.认知论[M].厦门:厦门大学出版社,2000.

时能够找寻积极的解释,即能够找到造成当前困境的暂时性、特定的、非人格化的原因,并能够在困境中发现改变困境的希望和出路。从本质上看,乐观是个人性格属性中的一部分,是一种良好的心理反馈机制,在不同的个体身上有不同的表现。与乐观不同,理想是人们认为目标能实现的预期。对研究生而言,"有理想"首先就是认可研究生的经历是一段有价值、有意义的过程,即该过程是值得满怀信念与激情去体验、学习、感悟、升华、重塑和创造的一段重要生命历程。研究生必须明白,勤勉和坚持是达到研究生培养目标的根本品质。总之,研究生要学会自我接受并适时地进行自我激励和重构,这种激励和重构能够在逆境中带给个体改变不利因素的灵感,使个体相信自己能够坚持下来并最终取得成功。

3.研究生心理健康教育有利于研究生积极关系的养成

人既有生物属性,又有社会属性。现实中,每个人都受制于社会的控制体系,这种控制体系中的每个人都有固定的角色设定,只要条件允许,我们每个人都会竭尽全力地协调好与自己相关的社会关系,以便强化自己满意的行为。积极的关系表现为拥有爱的能力以及被爱的能力。爱作为一种积极的态度和情感,可以拉近彼此的距离,提升人们的幸福感,让我们的生活变得温暖与和谐。

研究生面对的积极关系主要包括四种。一是积极的亲情关系。家庭是温馨的港湾,父母是孩子永久的依靠。和谐融洽的家庭关系能够让人产生安全感,有助于孩子建立良好的自尊心和自信心。二是积极的师生关系。师生关系是研究生阶段重要的人际关系。"一日为师,终身为父",研究生存在显著的师门认同感和归属感。三是积极的恋爱关系。恋爱是学生时代宝贵的情感经历,也是婚姻生活的开端。美好的爱情是一种优雅的情感,使双方收获幸福和成长。相恋双方已经成为彼此生活中的重要存在,双方相互鼓励,共同进步。四是积极的朋辈关系。良好的朋辈关系有助于研究生之间的沟通和交流。这样的沟通和交流有利于促进个体发展新的人格特点,培养善于交际的行为方式,即学会如何去帮助他人,怎样去学习,如何去竞争,理解什么是有修养的行为。

4.研究生心理健康教育有利于研究生积极人格的养成

人格是一个人在日常活动中显现出来的典型特征。积极心理学对人格的研究是通过批判和反思普通心理学在人格研究中呈现出来的问题而展开的。积极心理学关注个体的积极人格特质,注重不同因素在人格生成过程中的交互影响,强调个体的潜能和优势在人格形成中的作用。关于人格研究,积极心理学构建了一个系统——人格优势的价值实践分类体系,总结、提炼出人类本性中的六大美德,即智慧、勇气、仁爱、正义、节制与超越,这六大美德又分别对应人的二十四种人格优势,这些具体的优势同时也是个体养成美德的方式和路径。研究生要正确认识这些美德和优势,明白它们并不是可望而不可即的,通过自己的努力,是完全可以习得养成的。研究生应该用发展性思维来审视自己的生活和学习,相信每一个个体都是独特的存在,积极培育良好性格,敢于面对困境,敢于向困境挑战,要有坚持不懈、敢冒风险的勇气和气魄,凡事躬身笃行、积极反思。同时,也要保持善良、谦虚、感恩、谨慎等优良的人性本色,自觉履行当代研究生的职责,做一个有益于社会、有益于国家的人。积极的人格能够帮助研究生更加乐观地面对生活中暂时的坎坷和不顺,帮助自我构建融洽的人际关系,进而收获更多的幸福。

二、影响研究生心理健康的因素

影响研究生心理健康的因素主要包括社会环境因素、自我因素、学业因素等。

(一)社会环境因素

社会环境因素对研究生群体有着很大的影响。我国社会结构急剧转型,经济模式市场化、利益冲突多元化,加上研究生群体正处于求学、求职、恋爱、成家等人生的关键阶段,承受着来自各方面的压力。

1.就业环境

如今,研究生就业竞争激烈,研究生群体就业成为社会关注的热点问题。招聘现场会出现研究生与本科生共同竞争一个岗位的现象。专业不对口也是当前研究生群体择业时的一大困惑。很多研究生想从事与自己所学专业相关的工作,但是往往出于各种原因很难实现。还有部分研究生在择业时心理预期值较高,但现实因素导致个人意愿无法实现,可能会面临"高不成低不就"的困境。

2. 恋爱及婚姻

研究生群体因为需要在学业方面投入很多的时间和精力,往往业余时间较少,加上他们对外交往的机会有限,在无形中会影响到个人恋爱。即使有了恋爱对象,也可能会因为个人精力以及经济等原因导致恋爱失败,令他们情绪消沉、沮丧。

3. 家庭因素

家庭经济情况会在一定程度上影响研究生的心态。家庭经济并不富裕的研究生,更要承受来自经济和家庭责任的巨大压力,在学习期间不能做到专心致志,如一些家庭较贫困的研究生会产生自卑、挫败、嫉妒等负面情绪。一些家境富裕的研究生可能会出现生活奢靡或攀比的情形。单亲家庭及被寄养在祖父母和外祖父母家庭的研究生较容易出现人际交往方面的缺陷等。

(二)自我因素

研究生群体的心理状况除了受环境因素影响外,自我因素起着关键作用。其中人格特质及身体状况决定了一个人对生活、工作的认知,而认知一旦形成就会左右其行为。

1. 人格特质

在心理学上,人格被定义为个体固定了的认知、情感、行为方式的总和。因为每个人的人格特质不一样,所以在成长的道路上也会有不同的表现。一些研究生的人格特质中有自恋、自负、依赖及完美主义倾向,这都属于人格缺陷,会影响生活和学习。

个别研究生在学术上缺少钻研精神,自制力不够又不肯吃苦,期望通过导师的帮助来完成应当个人完成的任务。最为常见的现象即在发表论文时对文章的整理、修改、加工等重要事情依赖编辑,不能按照编辑的要求对文本格式进行规范化处理,甚至出现大量错别字。

一些研究生并不是为了做学术而读研,他们有的是逃避暂时的就业与工作压力,有的是想通过读研取得一个学历,并没有了解到读研需要付出很大的努力,在进入学习研究阶段后遇到挫折就会产生后悔、怨天尤人等不良心理倾向。

2.身体状况

研究生群体因为要投入大量的时间学习,容易久坐、长时间面对电脑,加之一些研究生没有体育锻炼的意识,所以学业加重后身体就会出现各种疾病,如颈椎病、高血压、心脑血管疾病等。身体状况和心理状况属于交互式关系,所以,当身体不适时要及时就医,以免引起心理不适。

(三)学业因素

不同年级、不同学科的研究生心理状况存在差异,研究生每个阶段要面临的情况都不一样。在诸如毕业论文开题、答辩以及就业前等特殊时段,研究生群体的心理就可能出现较大的波动。此外,专业选择、科学研究等因素也会影响研究生群体的心理状况。

1.专业选择

很多研究生在选择专业方向时盲目选择热门专业而忽视了自我能力及知识结构、性格等因素,在入学后发现个人兴趣与所学专业不匹配,从而产生无助感及失落感。

2.科学研究

研究生刚进入实验室或刚接触科研会有很多疑问,所以需要请教师长及同学,有的研究生因为自身性格的原因不擅长与人交流、合作或者独立性不够,就有可能产生心理问题。一些实验并不会按照个人付出的努力而产生相应的结果,在实验中意外情况随时都可能发生,这些都会给研究生个人带来不同程度的心理压力。

3.人际关系

对研究生来说,处理师生关系、同学关系是一门需要学习的成长课程,其中导师对研究生有重要的作用。

近几年媒体报道了一些研究生因为与导师关系不和谐而引发悲剧的事件。研究生群体遭遇压迫、霸凌固然需要更多的关注和支持，但研究生个人也需要为自己的身心健康负责，可以通过学习心理学知识来了解自我心理状态，学会处理人际关系，更要有寻求专业心理帮助的意识。

4.论文发表

论文是研究生学习阶段最重要的成果之一。发表高质量论文是一件难度较大的事情，很多研究生因为论文发表失败而产生心理压力，如果不能及时调整，就有可能引发焦虑和抑郁。

5.毕业

据调查，这几年我国研究生的非正常毕业率有上升趋势。不能毕业就表明需要延期，有的研究生会因此出现各种心理问题。

三、研究生心理问题的主要表现

(一)研究生常见心理问题审视

人是一种社会性动物，社会以一种人无法控制和常常意想不到的方式塑造着我们的身份、思想和情感。置身复杂、多变的时代洪流之中，我们被时代裹挟，常常感慨人的卑微和渺小，不知自己何去何从。研究生阶段正是人生承上启下的关键节点，面对的冲击可能更加强烈，容易引发心理问题。

1.成果不足引发的自我否定

马斯洛认为人的需求是有层次的，低级层次的需求被满足后，高级层次的需求就会出现，并认为人的最高级需求是自我价值的实现。研究生阶段是学生时代的高阶时段，这一阶段的学习方式也有别于之前的学习阶段，更加强调学生的自主性、独立性和创新性。能够进入研究生阶段学习的人，大部分都具有良好的学习态度、全面的知识储备以及基本的学习技能，他们期望通过进一步深造，增长自己的专业知识，实现自己的人生价值。遗憾的是，理想和现实往往有一定的距离，研究生在求学过程中因成果不足引发了不少心理问题，诸如焦虑、情绪低落、过于自我否定等。

究其原因,一方面是研究生的成果直接影响奖学金的评定及未来就业。当前,研究生的成果认定一般包括学术论文、著作、发明创造、参加各类活动获得的奖项等,其中学术论文在成果认定中尤为关键,但学术论文的发表往往又要经历非常缓慢、艰辛的过程,这让研究生在心理层面承受着巨大的压力。另一方面是学位授予的部分要求与科研的本质脱轨。部分高校将发表相应数量和质量的科研学术论文列为学生毕业的刚性要求,这与科研成果产出的基本规律和研究生规模不断扩大的现实情况有一定出入,可能会给研究生带来心理负担。

2.关系紧张造成的交往障碍

在交往互动中自己的心理需求不能得到满足时,研究生就容易产生抑郁、焦虑等负面情绪,甚至产生较为严重的心理问题。师生关系是研究生面对的主要人际关系之一,师生关系不和谐对研究生的心理健康有很大影响。当前,我国的研究生管理实行的是导师负责制,这一制度让研究生导师有了较大的管理权限。当导师管理权限过大,却缺乏必要的监管和制衡机制时,就可能出现个别导师行为失范的问题,但总体来看,绝大部分导师还是能够做到为人师表、潜心育人的。师生关系紧张的原因是多方面的,既有导师的原因,也有学生自身的问题。一是"压榨式"管理给学生造成巨大的心理负担。个别导师给学生强行摊派科研任务,将学生视作自己的全日制员工,召之即来,挥之即去,缺乏对学生基本的尊重和关爱。鉴于导师的权威,大多学生都选择默默承受,这给学生的心理健康埋下诸多隐患。二是"放羊式"管理让学生无所适从。个别导师既不认真指导学生学业,也不关心学生生活,甚至在学生出现行为失当或者心理问题时也是听之任之,导致学生陷入迷茫之中。三是研究生自身的沟通技巧和能力不足。四是研究生当中不少人过度崇拜导师,甚至将导师神化,但导师的表现与他们的预期可能存在差异,这就有可能导致学生情绪失落、长期抑郁。另外,有些师生关系变得庸俗化,学生和导师的关系异化为老板与员工的关系,这对学生的成长成才是极为不利的。

3.因经济拮据产生的过度自卑

经济发达、物质丰富是现代社会的基本特征之一,可问题在于我们好像迈入了一个对物质生活过度沉迷的怪圈,并且这种不良风气已经蔓延至学生群体,也包括研究生。研究生穿戴名牌服饰、使用高档电子产品的比比皆是,有些研究生更是过一段时间就出去旅游一圈儿,俨然过着一种高品质的生活。研究生的经济来源主要是家庭支持、奖助学金、兼职收入,主要花销一般包括学费、生活费、人情费(请客吃饭、随份子等)。对家庭经济较好的研究生而言,一般不会因经济问题而引发心理问题,而对家庭条件不佳的研究生来说,经济问题会对个体心理产生较大影响。经济条件较差的研究生往往具有更强的独立性和责任感,他们不愿继续给父母增添经济负担,有的研究生通过努力学习争取奖、助学金来纾解经济拮据的问题,有的研究生则选择通过社会兼职诸如家教、销售等缓解经济压力。适度的兼职是必要的、有益的,但过度的兼职不仅会影响学习,还可能引发心理失衡,造成过度自卑。有些研究生因此荒废了学业,更有甚者走向违法犯罪的歧途。

4.就业竞争带来的内心迷惘

在党和国家的高度重视下,我国高等教育取得了长足发展。不少学生表示想通过提升学历进而增强未来的就业竞争力,但是面对严峻的就业形势,许多研究生颇感焦虑和迷惘。学历贬值是诱发研究生心理焦虑的原因之一,但更本质的原因是研究生的培养质量有待进一步提高。一是研究生的课程体系与社会需求贴合度不高。研究生的部分专业教材更新缓慢,未能及时体现当下各学科发展的现实状况,再者,个别教师授课形式传统,课堂含金量较低,容易降低研究生学习的积极性。二是研究生的社会化程度较低。研究生社交圈较小,缺少与社会的深度融合,可能导致交际能力和抗挫能力不足。三是研究生缺乏科学的职业规划。部分研究生对自己未来的发展缺乏合理的规划,不能做到未雨绸缪,专业知识不扎实,专业能力不够,这就导致个人就业竞争优势不明显。

(二)研究生心理问题的主要表现形式

1.情绪表现

情绪是人对客观事物的态度体验以及相应的行为反应,是以个体愿望和需要为中介的一种心理活动。

(1)情绪低落

情绪低落者经常面带愁容、表情痛苦,并常伴有精力不足及失眠症状,缺乏基本的社会交往意愿,愉快感缺失,自我评价过低,缺乏自信心,日常活动减少,有自责自罪倾向。

(2)双相情绪障碍

双相情绪障碍表现为情绪高涨与情绪低落交错出现。情绪波动大的人常常因为一些细小或无关紧要的事情而伤心落泪或兴奋激动,无法克制,他们很容易因为一些琐碎的事件而引起强烈的情绪反应,例如生气、激动、愤怒,甚至大发雷霆,持续时间一般比较短暂。

(3)惊恐

惊恐的情绪是指人遇到特定的场景,比如参加聚会或看到某些特定事物,如看到剪刀和尖锐的物品时,产生紧张害怕的心情。症状出现时往往对现实环境表现出异常紧张和夸张的行为,并伴有身体反应,如出汗、颤抖等,若脱离某种引起心理不适的特定的环境或事物时,紧张的情绪和行为即可消失。

(4)强迫行为

有强迫倾向的人生活中经常会出现不由自主的强迫行为,如反复洗手、检查门窗、头脑中反复出现特定的场面或者想法等。一般有强迫性行为的人与完美主义人格会有所关联,会对自己或别人在某些做事标准上有过分严格的要求。

(5)适应障碍

社会心理学研究认为,人们在社会生活中,当遇到冲突或挫折时,往往通过认同作用、代替作用、投射作用、压抑作用和反向作用等,使个人良好地适应社会。但也有部分人因为各种因素出现严重的适应不良现象,我们称之为适应障碍。

适应障碍是指人们在遭遇一些重大的生活改变或应激性生活事件时出现的内心痛苦感受和情绪紊乱状态,会影响其生活和行为表现。重要考试失利、未能实现人生目标、投资失利以及生活发生重要转折等都属于可能引发适应性障碍的事件。

2.研究生心理受损的行为表现

(1)依赖药物

一些研究生由于学习压力及饮食不规律导致身体出现某些病症,如消化系统紊乱、长期的免疫功能低下等。当身体出现这些不适后,他们为了节约时间和减轻经济压力就有可能自行服药解决,久而久之就有可能对药物产生心理依赖。还有一部分人通过服用一些调节神经功能的药物来缓解焦虑的情绪。

(2)酗酒抽烟

当遭遇挫折时,为了缓解压力,有些研究生会采取聚众或独自喝酒、抽烟的形式发泄,以伤害自己的身体为代价暂时得到放松。

(3)沉迷幻想

有的研究生会沉迷幻想,以此来逃避现实的压力。无论是沉迷于过去还是幻想未来,对自己当下的现状都没有什么实际帮助。沉迷幻想只会耽误时间,无助于事情的推进和问题的解决。珍惜当下,把握现在,人生才不会充满遗憾。只有脚踏实地做事时,才在真正地进步着。胡思乱想可能会让人一时逃避现实的繁杂,但当时间被浪费以后,后果还是要自己去面对。

(4)攻击他人

个别人格有缺陷的研究生会通过语言、身体伤害的方式攻击别人来缓解自己的压力。这样的后果是人际关系更不和谐,甚至触犯法律。

(5)熬夜

除了为完成正常学习任务的熬夜外,一部分研究生通过熬夜的方式缓解内心的焦虑,这样只会导致身体机能下降,做事效率更低。

(6)自我伤害及自杀行为

近几年,研究生自我伤害及自杀行为时有发生。自我伤害及自杀行为的发生因素复杂,涉及生物、心理、文化及环境因素。个体在情绪低落或者情绪极端波动的情况下,急于找寻一种快速化解的方式,即通过更为冒险的途径得到解脱,一旦动机形成后就会采取行动。

在生活中出现自我攻击和伤害的人一般会在第一次行动发生后,当同样的情绪和感受出现时,数次采取同样的伤害行为,而随着行为的不断重复,伤害会越来越严重,甚至最终让自我攻击和伤害成为生活的常态。

3. 自杀的初期预警

想自杀的人可能会在自杀前数天、数星期或数月有以下症状:表示自己一事无成、没有希望或感到绝望;感到极度挫败、羞耻或内疚;曾经写出或说出想自杀;谈及"死亡""离开"及在不寻常情况下说再见;将至爱的物品送走;避开朋友或亲人,不想与人沟通或希望独处;性格发生很大变化;做出一些失去理性或怪异的行为;情绪反复不定,由沮丧或低落变得异常平静或开心。

(三)心理问题及鉴别

1. 一般心理问题

一般心理问题的鉴定要素包括四条:第一,内心由于生活、工作压力等因素而产生冲突,并因此体验到不良情绪,如厌烦、后悔、沮丧、自责等。第二,不良情绪不间断地持续一个月或间断地持续两个月,仍不能自行化解。第三,不良情绪反应仍在相当程度的理智控制下,始终能保持行为不失常态,基本维持正常的生活学习和社会交往,但效率有所下降。第四,自始至终,不良情绪的激发因素仅仅局限于最初事件,即使是与最初事件有关系的其他事件,也不会引起相似不良反应。

综上所述,一般心理问题是指由现实因素激发,持续时间较短,情绪反应能在理智的控制之下,不严重降低情绪控制能力,反应尚未泛化的心理不健康状态。

2.严重心理问题

第一,引起严重心理问题的原因是较为强烈的对个体威胁较大的现实刺激,内心冲突是常态的,在不同的刺激作用下个体会产生不同的痛苦情绪,如悔恨、冤屈、失落、愤怒、悲哀等。

第二,从产生痛苦情绪开始,痛苦情绪间断或不间断地持续两个月以上半年以下。

第三,遭受的刺激强度越大反应越强烈。大多数情况下会短暂失去理性控制,在后来的持续时间里痛苦可逐渐减弱,但是单纯依靠自然发展或非专业的干预却难以解脱,对生活学习和社会交往有一定程度的影响。

第四,痛苦情绪不但能被最初的刺激引起,且相类似、相关联的刺激也可以引起类似痛苦。严重心理问题有时伴有某一方面的人格缺陷。

3.神经症

神经症是一种精神障碍,主要表现为持久的心理冲突,当事人能觉察到或体验到这种冲突,并因此深感痛苦,且妨碍心理调适功能发挥作用,但没有任何可实证的器质性病变基础。

4.其他精神障碍

其他精神障碍包括应激障碍、精神分裂及癔症等。

(四)心理正常、异常及心理健康、不健康的鉴别

心理正常指的是具备正常功能的心理活动或者说不包含精神障碍症状的心理活动。心理异常是有典型的精神障碍症状的心理活动。

心理健康与心理不健康这两个概念都包含在心理正常这个概念之中。这种区分是符合实际的,因为心理不健康不一定代表有病,不健康和有病(异常)是两种性质的问题。在临床上区分心理正常和异常的标准与区分心理健康水平高低的标准也是截然不同的。

第二节　研究生心理健康教育的原则与方法

随着经济的迅速发展,社会变革的深化,当代研究生在学习、就业、婚

恋等方面的压力增大,研究生心理健康问题进一步凸显,高校研究生自杀案例频发,心理健康问题成为阻碍研究生发展的巨大阻力。加强高校研究生心理健康教育,增强研究生心理素质,提高研究生心理危机预防与干预能力,最大限度地减少研究生心理问题发生,已成为当前研究生教育十分重要的内容。

研究生心理健康教育通过研究生培养过程中的教育和教学手段,使学生具有积极的情感体验、适度的情感表达、合理的情感控制、独立的人格、清晰的自我认知和良好的人际关系,从而使学生不断提高自我认知、自我心理保健和心理危机预防能力。

高层次、高水平的人才是否具有良好的综合素质,对促进社会发展乃至民族振兴具有深远的影响。从心理学的角度来看,个人整体素质的发展受到心理素质发展的制约。因此,提高研究生的心理健康教育水平,提高研究生的心理素质,是与人才培养相关的重大问题,这已经不全是研究生群体自身健康成长的需要,更是国家与社会发展的需要。

一、研究生心理健康教育有效策略探索

随着全球研究生教育规模的扩大,研究生心理问题逐渐引起社会各界广泛关注。许多国家和地区为此启动了研究生心理改善行动计划,有的高校建立了心理健康教育中心,定期为学生举办心理健康讲座,日常为学生提供心理健康咨询服务,并设有心理危机求助电话。这些压力不能及时疏导,就可能导致研究生焦虑和抑郁。于是,寻求研究生心理健康教育的有效策略,成为研究生教育领域关注的焦点问题。

2019 年 9 月,全球研究生院联合会在英国召开了"多元文化背景下的研究生心理建设全球战略领导峰会",西安交通大学、华中科技大学、西南交通大学等高校的专家代表受邀参会。与会专家基于全球案例分享和研究成果,对关于全球研究生心理健康的治理状况及未来行动计划达成共识,形成《全球研究生心理健康教育行动指南》,充分强调了研究生心理健康的重要性,肯定了各国以及高校为此付出的努力及取得的成效,并提出了现有心理干预的局限性以及未来行动的指导方案。

会议指出,研究生心理健康已成为国际研究生教育领域关注的重点问题,世界各地都意识到研究生心理健康教育的重要性。大学为此提出了积极的应对措施以解决这些问题。但是这些努力未必能满足研究生的个性化需求。博士生面临一系列来自高成就期望及导学关系、职业不确定等方面的压力。大学是一个丰富多彩但又充满压力的地方,因此高校必须努力为研究生、教师、职员创造支持心理健康发展的环境。

为使不同国家和地区的高校有效开展研究生心理健康教育,与会者针对研究生心理健康评估以及组织和个人的有效干预提出了十一条建设性意见,具体有:①建立心理社区提供资源和培训,采取预防干预等措施培养学生的抗逆力。②培育能促进大学教师、学生等心理健康发展的包容型校园文化。③采用一致的术语区分精神健康、精神疾病和精神良好状态。④在心理健康行动计划实施中赋予学生更多话语权,发挥学生在心理育人方面的主体作用。⑤协调实施有助于心理健康的项目和实践方案。⑥制定并实施心理育人策略,以确定需要支持的学生,并提出清晰的服务路径。⑦明确对导师的期望和导师的职责,区分导师与心理健康教育专业人员的角色。⑧为导师提供培训和资源支持,提高导师心理育人的能力。⑨明确并消除产生过度压力的原因,如制度政策、迎合高期望、职业不确定性、导学关系和经济压力。⑩制定应对创伤性事件的心理健康补救策略。⑪以统一可比的方式评估相关措施。

国际学界对研究生心理健康教育的重要性已经达成共识,但研究生心理健康教育在实践中发挥的作用依然非常有限。建立专业化的心理健康社区,进行日常化的相关培训,建立多元化的培训主体,发挥学生的主动作用,评估改进方法和效果成为未来研究生心理健康教育改革的方向。

二、国外研究生心理健康教育策略探索

2021 年 5 月,美国研究生院委员会和杰德基金会(The Jed Foundation,JED)共同发布了《支持研究生心理健康和福祉——对研究生群体的

循证建议》,希望从多方面促进研究生心理健康。该研究报告提供了不同高校研究生心理健康教育的经典案例,从政策制定、导师培训计划、研究生社会情感能力提升等方面,全方位为研究生心理健康教育提供了有效支持。

(一)实施基于政策的心理支持策略

许多大学提出新的项目和策略支持研究生心理健康发展,但这些干预并不一定是基于实证或经过充分评估的。促进变革需要整合资源和利用数据,也需要不同部门的合作,为此几所高校采取了积极的支持措施。胡德学院利用项目评价数据进行调查。调查结果显示,良好的课程设置和心理支持能降低学生压力,提高其学业完成率。该校推出两项支持研究生心理健康发展的计划,即研究生学习成功协调计划和研究生心理健康任务计划。学生反馈表明这些计划使他们更加自信,推动了他们的学业发展和进步。韦恩州立大学咨询和心理服务办公室于 2017 年提出了自杀干预计划,并设立了自杀干预基金。4000 多名学生参加了这一项目,包括建立合作网络、创新推广方式、基于调查的防护培训项目和合适的文化教育项目。这项计划包括建立校园心理健康服务专家评价机制以及改进心理健康服务和支持的战略规划。为了提出改进意见,营造安全包容的校园文化,2018 年在全校范围内开展关于校园文化的调查以判断心理健康服务的优势和劣势。2019 年启动了生活卫士和健康计划,旨在建立健康包容的文化环境。该项目将健康分为九个维度并提供不同的培训项目以消除研究生心理孤独,促进研究生心灵治理。

为了促进特殊学生群体与全体研究生需求之间的平衡,亚利桑那州立大学实施了以下措施,确保其服务模式满足研究生的需求:第一,与亚利桑那州立大学咨询服务中心、亚利桑那州立大学健康服务中心和研究生及专业学生协会等机构确认现有资源认知差距后,制订心理健康计划来满足研究生的需求,并创建研究生和支持人员的学术实践和资源保障系统;第二,结合如何保持心理健康、调节压力和适应学校生活,召开小型网络研讨会,同时要求所有教学和研究助理都要经过必要的培训;第三,寻求与研究生院之间的合作,发挥校际学生以及朋辈间的指导作用,为研究生提供弹性发展的可能,具体表现在校际协同参与、学术认同和价值引领方面。匹兹堡大学为了实施研究生心理健康项目,进行了相关调查,并创建焦点小组,搜集相关信息。学校组建了心理健康资源和意识讲习班,培养出的辅导员将会对学生的心理健康和身体健康都发挥积极主动的作用。

(二)提供多样化的导师心理健康培训

调查发现,许多研究生院院长认为导师最容易发现研究生的心理问题而且更便于进行干预和支持,但是学校在研究生导师心理健康教育培训方面却做得不够。杰德基金会调查发现,64%的研究生院院长认为他们的本科教学规划中提到了心理健康教育,但只有24%的研究生院院长认为他们的研究生教学规划中针对研究生心理健康教育有具体的支持文件。只有几所学校认识到研究生和本科生群体的不同且制订了具体的研究生心理健康教育方案。这一现象需要深刻地反思和基于实证的干预,并需要采取积极的行动以满足学生发展的需求。导师的支持对研究生的学习经历具有重要影响,许多研究生院为此组织了导师培训以引起对研究生心理健康的关注,并创新了许多"以学生为中心"的支持方法。

纽约州立大学布法罗分校社会工作学院2016年启动了一个跨学科的导师社交网络计划——"丰富学术关系网络"。并于2018年在研究生院集中实施,以扩大研究生的社交网络,鼓励研究生群体充分利用这些资源。创新工作的开展不仅需要专家提供方法上的指导,更需要有意义的支持,尤其是在研究生遇到压力和困难或被边缘化时。导师参与年度培训计划以便能判断学生什么时候需要帮助,并学会帮助学生。导师会在线发布自己愿意讨论的话题,学生根据需要在网上自主选择,可以就不愿意向他人展示的敏感领域与在线选定的导师进行交流讨论,从而构建亲密的指导关系。科罗拉多大学启动了"研究生同行导师项目",为新入学的研究生确定同行导师。同行导师为学生提供心理支持、鼓励和需要的信息,他们作为生活导师也为学生如何平衡工作学习提供建议,以便使学生很好地适应研究生生活和导学关系。导师不仅为新生提供生活和学业支持,也会为学生提供全面的指导。

导学关系中常见的问题是导师与学生之间缺乏沟通,为此学校采取了两项有针对性的措施:第一,鼓励导师了解学生的心理健康状态,以便更好地理解心理问题对研究生的影响;第二,签订新的指导协议,使导师和学生明确各自的责任和义务。

(三)提高研究生的社会交往能力以缓解其心理压力

博伊西州立大学遵循"身体好才会发展好"的原则,开启了研究生心理健康计划,通过改善研究生的心理状态促进其学术成功。该计划主要包括为研究生提供心理健康教育、促进学生利用科学的心理咨询服务、培育学生的社会交往能力等。俄克拉荷马州立大学将心理健康教育列入学生全方位批判能力发展规划课程,将心理健康列为六种核心能力之一。许多研究生参加了心理健康项目,这些项目从不同方面提供了解决身心健康问题的方法和压力管理的策略,它们全都被公布在网络上,这样学生就能很直接地感受到校方对他们身心健康的关注。

三、我国研究生心理健康教育策略探索

(一)以促进育人为主的教育目标

研究生心理健康教育的目标应基于全体学生心理适应能力的发展,并关注应对和纠正严重的心理问题和心理危机的能力。一方面,研究生心理健康教育的目标应该是挖掘个人的心理潜能,使研究生心理健康教育更加规范和有效。在正常、宽松的教育氛围中,研究生将更加冷静地思考自己的心理问题,并寻求合理的调整方法,从而有效地维护自己的心理健康。另一方面,促进适应教育目标要求的研究生心理健康教育不仅要关注研究生群体的总体特征,而且要分析个体特征。对于特殊对象,应采取适合其心理发展特点的教育方法,帮助他们纠正心理问题,提高其适应能力和发展水平。

（二）旨在促进自我教育的教育原则

研究生的心理健康教育应促进自我教育。首先，教育的目的应该是教给学生方法，启发学生的思考能力和给学生提供指导，鼓励研究生在遇到心理困惑和适应问题时进行理性评估，并及时、适当地进行自我学习和自我调节。寻求帮助的意识非常重要，也就是说，当不能独立解决问题时，应该知道如何积极寻求帮助。高校有责任使每个学生了解他们寻求帮助的途径。其次，研究生的心理健康教育应为研究生营造良好的同伴氛围。国内外研究表明，朋辈辅导具有科学的心理学理论基础和实践条件，是一种易于被个人接受的心理健康教育模式。对等协商容易形成平等的协商关系，不受时间和空间的限制，可以是实验室同学和研究小组之间的交流，也可以是同班同学和舍友之间的交流。

（三）以服务支持为主的教育模式

研究生的心理健康教育应建立完善的研究生服务支持体系，并以此为出发点开展工作。首先，高校应提供研究生心理测量服务系统。高校应建立先进的网络心理测评体系，不仅要使用常用的心理测评工具，还要对测评结果进行专业的解释和评价，帮助研究生更直观地了解自己的心理健康水平，提高自己的心理素质。其次，高校要本着为研究生心理健康提供全面支持的理念，对研究生进行分类教育和指导。高校研究生的心理健康教育不仅应对新生提供特殊指导，还应对各个年级的研究生进行定期教育；不仅应该为一般的心理问题提供心理咨询服务，还应针对严重的心理问题进行心理矫正；不仅应当提供集体教育、团体咨询、同伴协助和案件咨询，还应提供有针对性的个性化咨询服务，并在新媒体环境中提供在线实时服务。

参照管理学的"系统原理"及 5W1H 分析法，高校在对研究生进行心理健康服务时，要运用系统的观点、理论和方法对服务活动进行充分系统分析，更需要明确为何服务（Why）、服务什么（What）、谁来服务（Who）、何时服务（When）、何地服务（Where）、如何服务（How）六个环节。高校可通过以研究生心理健康需求为中心的研究生心理健康服务系统（见图

4－1,简称 SDSPC 系统)来实现针对研究生的心理健康服务。研究生心理健康服务系统以研究生心理健康服务需求(Service Demand)为中心和出发点,由心理教师和咨询师等师资团队(Service Staff)设计服务平台(Service Platform),提供心理健康服务内容(Service Content),以便有针对性地满足服务对象的各种不同需求。

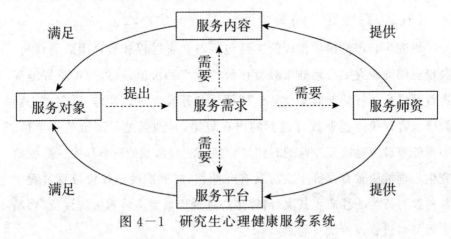

图 4－1　研究生心理健康服务系统

(四)全员参与的育人队伍

研究生的心理健康教育需要主要教育力量和辅助教育队伍的配合。研究生的心理健康教育不仅是学校心理咨询中心和心理教师的职责,还需要更多职能部门的配合和支持。研究生导师、专业教师、辅导员和管理服务人员均应被纳入研究生心理健康教育服务系统。首先,导师应在高校研究生心理健康教育中充分发挥作用。导师作为研究生学习和科学研究的指导者,对研究生的心理状态有更直观、准确的认识,并且对研究生的学业发展具有促进甚至决定性的作用,直接影响着研究生的心理状态。其次,由专业教师、辅导员及其他管理和服务人员组成的教学管理团队也应充分发挥其在教学、教育和指导服务中的作用,并在教学、管理和学习中关心、尊重、接受和理解每个人。高校心理健康教育工作需要一支熟悉心理健康教育知识、精通实践技能、富有职业道德和奉献精神的团队。只有掌握学生的心理特点和实际需求,了解心理健康教育的规律,才能使高校心理健康教育工作快速发展、健康发展、科学发展。

高校要积极开展教育队伍的培训和管理,不断增强教育队伍的心理健康教育服务意识,提高心理健康教育服务能力。整个教育队伍应充分了解研究生心理健康状况的复杂性和特殊性,并具有合作意识。各级院校、研究生院和其他组织要充分合作,通过整合教育力量,建立和完善更加专业有效的研究生心理健康教育支持体系。

(五)过程性导向的教育评价

研究生心理健康教育评价主要包括对教育过程和教育团队的评价。高校应明确研究生心理健康教育评价的意义和价值,通过评价更好地促进教育过程。评估导向应注意过程评估和开发评估。首先,研究生心理健康教育评价应遵循教育过程的内在规律,并加强过程评价的科学性。心理健康教育是高度专业的有测量、有解释、有诊断的科学程序。高校研究生心理健康教育评价小组应具有专业性,能够准确地评价教育过程中各种教育行为的性质。其次,研究生心理健康教育应注重过程评价,将结果评价与过程评价统一起来。

在研究生心理健康教育评价中,应注意对研究生教育过程中的各种信息进行搜集和分析,并进行有针对性和准确性的评价,为正确地对心理健康教育进行评价提供基础支持。在评估过程中,高校管理者应深入研究生教育前沿,了解研究生群体的心理健康教育需求,并评估和检查学校、学院、研究生教育团队、导师、专业教师的教育行为。高校应加强对日常教育过程的定期检查和监督,重视研究生心理健康教育的正常开展,促进考核改革,在研究生心理健康教育过程中不断促进互动与合作,使研究生心理健康教育取得更好的效果。

第五章　研究生心理危机干预体系的标准化建设

第一节　研究生心理危机预防与干预体系的标准化建设

　　心理危机,是指个体遭遇突然或重大的超过了其应对能力和承受限度的困难情境时,出现的暂时性严重心理失衡状态。一般认为,心理危机是情感危机的反应过程,不是一种疾病。如果处理不当,会导致不良后果,甚至发生自杀行为。研究生心理危机是发生在研究生这一特殊群体身上的心理现象,其必然包含心理危机的一般特性。研究生心理危机是指处于应激事件刺激下的研究生,因应激事件造成的心理、生理上的负面反应无法有效应对和解决,而出现暂时性的生理功能紊乱、心理系统失衡的状态。如今,人们通常使用的"研究生心理危机"概念,已远超心理危机本意,事实上是泛指一切导致个体心理和行为明显异常,无法正常学习和生活,特别是可能引发诸如自杀(伤)、危及社会和他人安全等严重社会后果的精神卫生问题。诸如抑郁症、精神分裂症等可能发生自杀、伤人等社会后果的精神疾病,都被纳入了研究生心理危机的概念。因此,研究生心理危机预防与干预的对象,是所有可能引发严重社会后果的心理问题。

一、构建研究生心理危机预防与干预标准化体系的必要性和可能性

　　研究生心理危机问题日益凸显,对高校的心理危机预防与干预工作也提出了越来越高的要求。因此,建立适用于高校的研究生心理危机预

防与干预标准化体系,既是高校研究生心理危机预防与干预专业化、规范化发展的要求,也是建立和实施研究生心理危机预防与干预工作体系的现实需要,是进一步加强和改进危机的预防、干预和管理提出的必然要求。

(一)研究生心理危机预防与干预标准化体系的内涵

研究生心理危机预防与干预标准化体系,是指遵循研究生心理危机预防与干预的特点和规律、以规范化为要求建立的相对系统和稳定的高校心理危机预防与干预的工作体系,包括工作目标、内容和基本途径方法等。研究生心理危机预防与干预的标准化体系是一整套相对稳定和完善的心理危机预防与干预工作的操作指南,是高校心理危机预防与干预工作的实践依据和基本要求,也是评价高校心理危机预防与干预工作的指标体系。它具有以下三个特点。

1.特定适用范围

新时代,党和国家事业发展对高等教育的需要,对拥有科学知识的优秀人才的需求,比以往任何时候都更为迫切。开展研究生心理危机预防与干预,既要遵循普遍规律和专业要求,又要考虑实践中高校工作的特殊性和针对性。研究生心理危机预防与干预标准化体系,是根据高校的特点,包括高校的教育任务、教育环境、教育方式和教育条件等,有针对性地设计和构建的个性化心理危机预防与干预体系。因此,它有特定的适用范围。

2.特定工作体系

中共中央、国务院印发的《关于加强和改进新形势下高校思想政治工作的意见》提出了坚持全员、全过程、全方位育人(简称"三全育人")的工作理念。在此理念下,我们意识到学生心理危机干预并非某一名教师或者某一个机构的事情,相关工作的实施需要学校所有教职工的参与。研究生心理危机预防与干预标准化体系,是一个开展研究生心理危机预防与干预的工作体系,是在工作层面上所做的设计和构建。

3. 特定工作要求

研究生心理危机预防与干预标准化体系,其"标准化"包括以下三层含义:一是这个体系是以科学性为依据的,不是单纯的经验总结;二是这个体系是以专业化、规范化为要求的,其着眼点是根据研究生心理危机预防与干预的内在规定提出我们应该怎么做;三是这个体系的内容和要求既是系统完整的,又是具体的,有很强的可操作性。因而,它既可以用于指导工作,又能作为工作评估的依据。本书提出的研究生心理危机预防与干预标准化体系,有待于随着实践的发展不断改进和完善。

(二)构建研究生心理危机预防与干预标准化体系的必要性

建立研究生心理危机预防与干预标准化体系,对于适应研究生心理危机预防与干预的现实要求、满足研究生心理危机预防与干预的专业化建设需要、开展研究生心理危机预防与干预的工作评估,都是十分必要的。

1. 适应研究生心理危机预防与干预的现实要求

从发展的角度看,研究生心理危机预防与干预不但要解决当下的危机问题,还肩负着高校人才培养所要求的能更好地适应未来的挑战和压力的使命。研究生心理危机预防与干预是增进研究生身心健康、保障研究生正常学习生活、促进研究生成长成才的现实要求,其面临的任务和压力,客观上比我们意识到的要更多。要满足这样的现实要求,切实承担起预防与干预应有的职责,必须加强和改进高校目前的预防与干预工作,以更宽广的视野、更系统和专业的要求、更扎实有效的工作开展研究生心理危机的预防与干预。

2. 满足研究生心理危机预防与干预的专业化建设需要

目前,我国高校都有针对研究生心理危机的预防与干预工作,但总体水平不高,集中表现在预防与干预的专业化、规范化程度不高,有几个方面的问题:对预防与干预应该"做什么"和应该"怎么做",缺乏充分的科学认识和把握,主观性、随意性强;研究生心理危机的预防与干预,既缺乏整体的工作布局,也缺少具体工作的规范性要求;不同地区、不同层次的高校,甚至同一地区和层次的高校之间,研究生心理危机预防与干预的水平差异大,发展不均衡;即使在同一个学校,研究生心理危机预防与干预的受重视程度和工作开展状况经常因人而异、因事而异、因时而异,容易受到人为因素、政策因素的影响,工作缺乏连贯性和稳定性等。

建立科学可行、指导性强的研究生心理危机预防与干预标准化体系,使得高校的研究生心理危机预防与干预工作有章可循、有法可依,这对于高校加强研究生心理危机预防与干预的规范化建设,提高工作的整体专业化水平是十分积极和必要的。

3.有利于开展研究生心理危机预防与干预的工作评估

评估工作对于高校研究生心理危机预防与干预的专业化建设和发展具有极大的现实推动作用,因而是非常有必要的。但评估需要有依据,依据不仅要科学合理,而且还要具体可操作。评估的依据,反映了评估的目的,直接影响评估对实际工作的推动效果。

二、研究生心理危机预防与干预标准化体系的构建理念和原则

研究生心理危机预防与干预标准化体系的构建,势必以关于研究生心理危机预防与干预的理念作为理论指导,也需要遵循研究生心理危机预防与干预的专业化基本原则。

(一)研究生心理危机预防与干预标准化体系的构建理念

1.体现教育引导和人文关怀

心理健康教育是提高研究生心理素质、促进其身心健康和谐发展的教育,是高校人才培养体系的重要组成部分,要坚持育心与育德相统一,加强人文关怀和心理疏导,适应和满足学生心理健康教育服务需求,最终实现研究生心理健康素质的普遍提升。因此,在心理危机预防与干预的工作体系的设计中,要充分体现健康发展的教育理念和目标,以及人文关怀的教育情怀。

(1)始终坚持以人为本的理念和宗旨

构建研究生心理危机预防与干预标准化体系,应针对研究生心理特

点和发展需要、心理健康教育要求和学习生活特点进行设计、构建,要充分考虑当代研究生群体所处的时代背景,全面分析引发研究生心理危机事件的影响因素,以关心爱护学生为出发点,以促进学生身心健康、服务学生成长成才为根本目标。

对于存在心理问题的研究生,要让他们在情感上得到慰藉、在困境中看到希望,使他们感受到来自家庭、老师以及同学等各个方面的关心、关爱,从而帮助他们化解危机。强调以人为本,体现了研究生心理危机预防与干预的内在规律,是衡量专业化和规范化的基本指标。

(2)始终坚持"生命高于一切"的理念

在构建研究生心理危机预防与干预标准化体系的过程中,对研究生心理危机事件的干预与处置,应当首要保证学生的生命安全。这是"以人为本"的理念在危机干预中的具体体现,也是国内外处理学生危机事件的基本原则。高校中如果发生自伤或伤人事件,对学生家庭是一场巨大甚至毁灭性的灾难;对学生本人来说是一个鲜活生命的消逝;对身边的老师和同学来说也是重大创伤事件,会留下心理阴影;对学校和社会造成潜在的损失和不良的影响。因此,在构建研究生心理危机预防与干预标准化体系的过程中要坚定地树立和坚持"生命高于一切"的理念。

(3)始终坚持以教育引导为根本任务

从本质上讲,高校的研究生心理危机预防与干预,是一种教育活动、一项教育工作。学校教育,是教育者根据社会要求和受教育者的发展规律,有目的、有计划、有组织地对受教育者的身心施加影响,期望受教育者发生预期变化的活动。

发挥研究生心理危机预防与干预的教育特色,首先要求我们从教育的角度认识研究生心理危机预防与干预的必要性和重要性,切实把研究生心理危机预防与干预纳入学校教育的系统之中;其次要从教育的角度把握研究生心理危机预防与干预的任务和内容;最后要从教育的角度探索研究生心理危机预防与干预的途径和方法。我们研究和构建的研究生心理危机预防与干预标准化体系,正是基于这样的认识和思路。

2. 坚持科学性与规范化

研究生心理危机预防与干预有很强的专业性,构建研究生心理危机预防与干预标准化体系,必须尊重科学和规律,以科学性和标准化为前提,强调设计专业性和执行规范化。

(1)以心理学等相关学科理论为依据

国内外在心理健康教育、心理危机预防与干预方面有很多学术研究和实践成果。目前,比较成熟且被广泛应用的心理危机理论有以下四种。

①贝肯(Belkin)1991年提出的危机干预三种模型:平衡模型、认知模型和心理社会转变模型。平衡模型在于通过相应的技术手段使得个体恢复危机前的心理状态;认知模型是指通过改变当事人的行为认知模式,使其积极地应对危机状态,并在危机中得到成长;心理社会转变模型则是从社会支持和资源支持的角度出发,帮助当事人由内及外地改变自己的心理状态,从而恢复对自我行为的控制。

②林德曼(Lindemann)1944年提出的哀伤辅导模式,是当前危机干预理论的重要基础。哀伤辅导主要是在哀伤情境下帮助当事人调整心态,认知自身所处状态,对当事人进行辅导,帮助其树立自信,调整心理失衡状态。近年来,该模式已经在多个国家得到推广和应用。

③支持和干预分阶段模型。它的重要特点是针对心理危机所处的不同阶段,采取的干预手段的侧重点不同。例如危机初期主要是引导和支持其控制情绪,防止危机进一步发展;危机后期,则是强行干预,预防不良后果发生。同时,让当事人学会应对困难和挫折的一般性方法。

④心理危机干预实施步骤。纳赛尔(Naser)2001年提出了关键事件应激管理法;米切尔(Mitchell)1998年提出了关键事件应激报告法;罗伯特(Albert R. Robert)2002年于美国"9·11"事件后针对事件罹难者提出了ACT干预模式法;吉利兰(B. E. Gilliland)和詹姆斯(R. K. James)1983年提出危机干预六步法;等等。

(2)尊重大学生心理危机预防与干预的内在规律

研究生心理健康教育有着自身的特点和规律。它是研究生群体的心理特点与发展规律、高等学校教育的特点与规律、心理卫生工作的特点和规律三者的有机结合、高度统一。研究生心理健康教育,应该符合以下三项要求。

第一,符合研究生的特点。研究生心理健康教育的对象是研究生,研究生群体有自身身心发展、学习生活和人生发展的特点和需要,心理健康教育要切合研究生的这些特点,增强教育的针对性。研究生面临着科研压力、学术竞争、职业规划等独特挑战,心理危机的诱发因素也更为复杂,因此教育内容和方式需精准匹配。

第二,具有高校的特色。高校的特色集中体现为"教育",包括教育的目标、任务、途径、方法等。研究生心理健康教育要适应高校教育的要求,适合高校工作实际,充分运用教育的条件和资源。高校丰富的学术资源、多元的文化氛围都可成为心理健康教育的助力。

第三,体现专业特殊性。研究生心理健康教育在理念、原则、方法和手段上具有心理卫生工作的专业特点和要求。在干预过程中,需遵循专业的心理咨询伦理和规范,运用科学有效的心理治疗技术。

3.体现全面性与系统性

在构建研究生心理危机预防与干预标准化体系时,首先,要对心理危机预防与干预的目标、内容、途径、方法有整体化设计,避免单一性和简单化;根据心理危机预防与干预的特点与要求,把握预防与干预的内在关系,构建心理危机预防与干预的目标体系、内容体系;根据研究生身心特点、学习生活实际情况,结合学校教学、管理特点与具体条件,依据不同层次预防与干预的具体目标和内容,多渠道、多形式构建预防与干预的途径、方法、体系。其次,要构建"齐抓共管"的工作网络系统。在校内,要动员学校各部门和全体教职员工共同参与,从不同的角度、层面、途径,运用各自独特的资源与方式,形成全员参与的预防与干预机制和工作网络。在校外,依靠学校、家庭、社会的相互协作,共同关心和主动参与,承担起各自相应的责任并形成有效的工作合力。最后,要在设计预防与干预标准化体系时全面系统地考虑影响研究生心理健康、引发危机事件的各种因素,全面系统地看待研究生心理健康教育和心理危机预防与干预的关系。

4.突出预防为先

研究生心理危机预防与干预标准化系统,必须坚持预防为先的理念。研究生心理危机预防与干预体系的理想目标是变"被动"为"主动",建立基本的预防机制,进行主动、积极的心理危机干预,以达到不需要进行危机干预的状态。这是研究生心理危机预防与干预体系的主要任务,也是关键所在。强调预防,符合教育的本质与方式;强调预防,是减少心理危机及其恶性事件发生的关键。与狭义的干预相比,预防是一种更主动、积极的干预。因此,我们在研究设计研究生心理危机预防与干预标准化体系时,对预防与干预在目标、内容、途径方面做了多层次的立体构建,以加强预防与干预的针对性和工作力度。

(二)构建研究生心理危机预防与干预标准化体系的原则

1.常态化原则

研究生心理危机预防与干预的常态化,就是要有常态化的工作思路与要求,使其成为学校一项日常性、长期性的工作。细水长流式的预防和经常性的及时干预应该成为高校研究生心理危机预防与干预的主流和常态。推进心理健康教育和研究生心理危机预防与干预的持续性、常态化,不但把它作为学校教育的组成部分、列入学校日常教育和管理工作的范畴,还必须有制度和机制作为保障,以确保工作得到有计划、有组织的落实。

2.可操作性原则

要想让研究生心理危机预防与干预标准化体系具有应用价值,就必须具有可操作性。可操作性,也是规范化所要求的。要以专业的要求,具体规范研究生心理危机预防与干预的各项工作,这是可操作性的保障。因此,构建标准化体系,应该避免笼统的要求、理论化的描述或虽然严密精细但难以操作等问题。在工作目标、内容上,做到具体明确,不能过于概括、笼统;在方法上,要强调实用性、可操作性,既不能流于抽象的要求、理论化的描述,也要避免虽然设计上严密精细但实践中难以操作的问题。

3.及时性原则

心理危机的产生本就具有突发性,为此在进行心理危机干预时,时间是最主要的,一定要做切实有效的心理干预。构建研究生心理危机预防与干预标准化体系时,要充分考虑时效性,确保各系统、各环节衔接紧密,反应迅速;心理危机预警体系应做到随时发现、及时汇报;心理危机干预体系要做到快速反应,在第一时间采取有效措施,及时且正确地处置危机事件。

三、研究生心理危机预防与干预标准化体系的设计

随着我国经济社会的快速发展变化,研究生面临着科研压力、学术竞争、职业规划以及经济独立等多方面的挑战,这些压力使得部分心理较为脆弱的研究生容易陷入心理危机。研究生心理危机不仅危及当事人的身心健康与生命安全,还会对其家庭、所在校园乃至整个社会的和谐稳定产生不良影响。因此,从危机评估、危机即时干预、危机后干预的全过程视角出发,构建多层次、全方位的生态化心理危机预防与干预体系刻不容缓。要建立本土化、多层次、全方位的生态化危机干预模式,需从"个体—学校—家庭—社会"四个维度入手,以危机干预的全程理念为基础,涵盖从危机评估到危机即时干预、后干预的各个环节,最终构建起发展性的危机预防与干预体系。

(一)本土化

本土化并非局限于地域概念,而是以国际视野、长远眼光看待问题,它是一个不断适应和发展的过程,而非最终目的。本土化就是让事物适应所处环境并做出改变,也就是"入乡随俗"。研究生心理危机预防与干预的本土化是针对我国研究生开展的综合性、系统性工作,具有鲜明的中国文化特色。中国文化在个人价值、个体与群体关系以及人际交流方式等方面与国外存在差异。

西方文化强调个人权利和隐私的绝对尊重,将个人情绪反应与社会

文化背景相分离,在危机干预中注重即时性、封闭性和专业性。而中国文化更注重个人与群体的和谐统一,强调"小我"服从"大我",重视通过教育引导调控个人价值观。因此,在判断和解释个人危机时,更倾向于考量其对集体的意义和价值,在危机干预工作中也更强调预防和协作互助。在帮助方式上,西方人更认同专业化的正式咨询,而中国人受传统文化影响,注重人情环境,有时更愿意在自然的人情氛围中寻求帮助,对带有治疗性质的正规心理咨询存在一定抵触。

(二)多层次化

研究生心理危机预防与干预标准化体系需要清晰呈现系统内部结构,并依据其内在联系进行有机整合与综合呈现。通常,可将心理危机预防与干预划分为预防和干预两个层面。

在预防层面,根据预防的不同性质和要求,又细分为高级、中级和初级三个层次。这三个层次分别对应预防心理危机的长期、中期和近期目标。高级预防旨在从根本上提升研究生的抗挫折、防危机能力,通过优化个性品质、提高心理素质、增强心理健康水平和抗挫折能力,帮助研究生深入了解心理危机,掌握预防、识别和应对心理危机的知识与方法。中级预防针对研究生面临困难情境或出现心理问题时,及时提供心理指导和调节,防止其演变为心理危机。初级预防则是心理危机的早期预防与干预,旨在阻止危机进一步恶化,避免研究生陷入严重危机状态。心理危机三级预防体系的构建,使预防工作更具层次感,预防内容和功能更加全面,与高校教育以及研究生心理健康教育的目标和要求高度契合。

在干预层面,依据干预过程的特点和要求,细分为危急干预和危机后干预。危急干预是在危机发生时的紧急处理,即通常所说的危机干预,目的是有效遏制危机发展,化解危机状态,避免心理危机引发不良后果。危机后干预是危机发生后紧急应对工作的延续,旨在巩固干预成效,帮助当事人解决恢复期可能出现的心理问题,使其恢复心理正常状态,增强对生活的适应能力。

(三)全方位

构建全方位的生态化危机干预模式,需从"个体—学校—家庭—社会"四个方面着手,以危机干预的全程观为基础,涵盖从危机评估到危机即时干预、后干预的全过程,最终构建发展性的危机预防与干预体系。

当人们遭遇心理刺激,尤其是严重心理危机时,往往需要周围人的帮助来度过难关。当前,许多危机干预工作过度关注学校内部因素,而忽视了家庭和社会等外部因素。实际上,心理危机干预是一项系统而复杂的工程,既要重视学校的作用,也不能忽视家庭和其他社会因素的影响。如何有效整合家庭和社会力量,协调学校、家庭、社会在危机干预中的作用,应成为当前研究生危机干预研究的重点。

健全学校—家庭—社会协同育人机制,充分发挥家庭教育和社会教育的积极作用,构建学校、家庭、社会三位一体的教育互动关系,形成家庭启蒙教育、学校奠基教育和社会拓展教育方向一致、要求协同、力量汇聚的教育合力。

1. 强化并发挥家庭心理健康教育的作用

高校应积极主动与研究生家长沟通,强化并发挥家庭心理健康教育的作用。首先,在研究生入学时,通过让学生填写家庭基本情况表,为其建立家庭教育档案。其次,借助多种渠道向家长传递新的教育理念和危机救助方法,如举办家庭教育讲座、开展亲子团体辅导等活动,使家长和研究生认识到"学生的健康成长离不开家庭支持"。再次,对家长进行相关培训,通过校园网、公众号等平台开设家庭危机教育专栏、录制家庭教育微课等方式,让家长掌握帮助子女应对心理危机的教育方法。建立健全学校—家庭—社会协同育人机制,打造人人有责、人人尽责、人人享有的协同育人共同体。当研究生遇到心理危机时,充分调动家庭支持系统,让学生感受到家庭的理解与支持,坚定其战胜危机的信心。

2. 充分发挥学校思政教育主阵地优势

创新教学方式,让思政课充满活力。通过课前预习收集研究生的问题,围绕这些问题开展课堂讨论,在教师引导下解决问题。灵活运用专题式、案例式和研究式教学法，实现双向互动，做到实事求是、与时俱进、有的放矢。加强教师队伍建设，协同推进思政课程和课程思政建设。教师是落实"立德树人"的关键，高校要强化思想政治教育教师队伍建设，整合思政课教师、专业课教师、辅导员等育人主体，为思想政治教育系统育人提供保障。推动思政课程与专业课程协同发展，画好"课程思政"同心圆，解决思想政治教育与专业知识培养"两张皮"问题。坚持理论武装与实践育人相结合，拓宽育人渠道，提升研究生的思想道德水平和实践能力。引导家长重视家庭、家教、家风建设，协同学校做好思想政治教育工作。健全学校与家庭的沟通机制，共建家校联盟，定期举办线上线下相结合的家长座谈会，向家长反馈研究生在校的思想、学习和生活情况，征求家长意见，让思想政治教育融入家庭。

3.调动社会系统的资源

社会系统（如心理学专家、精神科鉴定等）作为第三方力量，能够有效协调个体、学校、家庭之间的关系，促进系统间的互动与互助发展。然而，目前我国社会教育系统尚处于起步阶段，系统性不足。因此，要建立以社区和单位为基础，以群团组织、社会团体和新闻媒体为辅助，以医疗单位、专业预防救援机构为保障的社会预警系统，提高对高危人群干预和救助的及时性与有效性，弘扬社会主义核心价值观与社会正能量，营造积极健康的社会思想环境。

心理危机的预防与干预应充分整合家庭和社会资源，促进家校关系发展，实现个体、学校、家庭、社会的有效协作，构建完整的危机干预生态系统。一个有效的研究生心理危机预防与干预体系，不仅关乎学生个体的健康成长，也关系到学校和家庭的稳定，更对国家和社会的和谐发展具有重要意义。在不断探索过程中，心理危机预防与干预的规范化建设和专业化发展始终是理论研究和实践探索的重要课题。随着实践发展和认识水平的提高，研究生心理健康教育和心理危机预防与干预的专业化水平必将不断提升。因此，我们要持续改进和完善研究生心理危机预防与干预标准化体系。

四、研究生心理危机预防与干预标准化体系的实践

加强和改进研究生心理危机预防与干预工作,提高干预水平,是研究和构建研究生心理危机预防与干预标准化体系的目的。然而,要将该体系落实到实践中,不仅要提高方案的科学性和可行性,还需人们对研究生心理危机预防与干预有科学认知,需要学校、家庭、社会共同努力,形成合力,同时需要有力的督查干预。

(一)建立整合生理、心理、社会指标的预警体系

目前对研究生心理危机的评定,主要依据认知、情绪、躯体和行为四个方面的主观特征,这些指标较为模糊,易受干预者主观因素影响,导致误诊。虽然国内学者金宏章等人编制了中国文化背景下的《大学生心理危机测验的编制及信效度检验》,纳入了自杀意念指标,但研究生心理危机事件更为复杂,除自杀外,还涉及学术不端引发的心理问题、职业发展困境导致的心理障碍等,现有测验考察危机事件的维度不够全面,结构效度指标较低。通过调查发现,结合人口学资料中的家庭经济、家庭结构、家庭气氛、重大创伤等因素,以及研究生特有的学术压力、科研进展、导师关系等因素,能够更全面地预测心理健康水平。在长期的危机筛查工作中,危机干预相关人员尝试用量化分数的形式,从自杀想法、自杀史、自杀计划、当前压力水平(包括学术压力、经济压力等)、社会支持情况、精神病性等方面对研究生进行危机评估,取得了较好效果。因此,在建构危机评估指标体系时,应将家庭因素、自杀相关情况、压力因素(涵盖学术、生活等多方面)、社会支持、精神病性等纳入其中,建立一套整合生物、心理、社会等多种因素的心理危机预警指标体系,通过客观、量化的分数评估研究生的心理危机程度。

(二)建立动态的心理危机数据库

目前,不少高校为研究生新生进行心理健康测评,但研究生阶段学习生活变化较大,随着时间推移,入学时建立的心理档案时效性和精确性可能降低。因此,动态心理档案的建立应从两方面考虑:一方面,全面关注

各类研究生群体,除一年级新生外,还应重点关注面临毕业压力的研究生、家族有精神病史的研究生、曾患抑郁症等精神心理疾病以及有自杀倾向的研究生;另一方面,建立多个施测点,分阶段跟踪记录,对建档对象进行长期跟踪调查,对高危对象定时施测与干预,全面掌握研究生心理危机的基本情况、发展趋势,及时了解心理危机的变化并进行动态分析。

(三)研究生心理危机的干预模式

以往的危机干预往往侧重于即时干预,忽视了危机前的预防和危机后的干预;重视外部救援力量,而忽视了研究生自身的自救能力;重视教师的作用,而忽视了同伴的力量。因此,危机干预应从全程化、多资源的角度出发,关注危机的自我干预与后干预。

1. 自我干预模式

研究生自身应对能力不足是心理危机形成的重要原因。因此,研究生心理危机的形成与化解应以自身为主体,其自身因素在危机缓解过程中起着关键作用。危机自我干预是最理想、最有效的心理危机干预手段,能将危机化解于无形,最大程度促进研究生成长,保护其免受心理危机的伤害。那么,如何促进研究生的自我干预呢?

一是通过心理健康课程开展自我教育。心理健康课程是快速、全面提升研究生心理素质和自我干预能力的重要途径。通过课程向研究生传授心理危机预防知识,教授自我调节情绪的方法,增强自我干预和帮助他人的能力,预防心理危机的发生。同时,在课程中加强生命教育、压力和挫折教育,引导研究生领悟生命的意义,树立积极的人生观,正确认识压力,勇敢面对挫折。

二是通过社会实践提升自我干预能力。鼓励研究生参与科研项目、学术交流活动以及社团组织,在实践中增强自我认知能力,提升人际交往和沟通能力,学习积极应对冲突和缓解压力的方法,掌握应急情况的处理和求助技巧。

2. 同辈干预模式

同伴之间的相互教育、支持和帮助是一种有效的教育形式。同伴之间交流方式更易理解和接受,能够引发共鸣,从而达到心理危机干预的效果。因此,在调动研究生自身资源进行自我教育的同时,应建立研究生心理危机同伴互助模式。具体操作可从两方面入手:一方面,建立同辈监督机制,在研究生群体中选拔责任心强、善于沟通的同学担任心理委员和信息员,负责向同学们宣传普及心理健康知识,并定期向学校反馈研究生心理健康状况,做到危机早发现、早报告;另一方面,建立同辈支持机制,通过朋辈热线、朋辈心理辅导、朋辈学术互助小组等方式开展同辈互助,发挥同伴对危机研究生的积极影响。

3.加强危机的后干预

目前,危机干预重点关注危机发生时的即时阶段,对心理危机的后干预重视不足。研究生心理危机干预是一个联动的系统过程,危机后干预不可或缺。危机后干预有助于弥补现有危机干预机制的缺陷,丰富干预实践,更重要的是能有效避免恶性事件(如自杀、伤人等)的模仿效应。

一是建立对危机研究生的后干预机制。有过危机行为的研究生是心理干预的高危对象。然而,许多高校在危机事件发生后,未对个体进行有效的善后工作,未能帮助研究生真正从危机中恢复。因此,应针对有过危机行为的研究生开展危机后干预,帮助其恢复创伤前的认知、情感和行为功能水平。

二是建立对危机研究生周遭人群的干预机制。知悉或目睹心理危机事件会给周围的研究生带来强烈的心理冲击,他们可能会感到惊讶、困惑、自责甚至恐惧,这些情绪会严重影响他们的学习和生活。若不及时处理,可能导致他们模仿危机研究生的不良应对方式。因此,对危机相关人员进行及时有效的心理后干预十分必要。在危机发生后的第一时间,对他们进行哀伤辅导、班会辅导、放松技术辅导、个别辅导等,帮助周围研究生消除紧张恐惧心理,化解危机事件带来的心理冲击,防止模仿行为,修复心理创伤,提高应对类似心理危机的能力。

（四）个体—学校—家庭—社区生态系统的危机预防与干预模式

创新"家校社"协同育人模式。协调家庭、学校、社区三大育人主体，建立职责明确的育人服务团队，通过参与服务管理、整合优势资源、拓宽教育平台、开发社区家庭教育课程等途径，开展协同育人实践研究。

1.组建五支服务团队，完善育人架构

遴选优秀教师组建家长学校团队，为家长提供专业的教育指导；集结优势家长资源成立学校家委会团队，促进家长参与学校管理；汇集家庭教育专家、骨干教师、优秀家长成立家庭教育工作室团队，深入研究家庭教育问题；邀请知名企业家成立企业家奖励基金会团队，为研究生提供经济支持和职业指导；政府引领，深入社区组建社区家委会团队，整合社区资源支持研究生教育。各团队职责明确、优势互补，为协同育人奠定坚实基础。

2.注重三个成长维度，提升育人能力

一是加强团队学习，提高专业素养。制定团队培养计划，加大线上线下学习培训力度，组织团队成员参加各级家庭及心理教育的理论学习、学术交流和经验分享会；同时，提升班主任、辅导员的家庭教育指导能力，满足家长个性化的家庭教育指导需求，将家庭教育指导纳入班主任、辅导员培训内容。

二是推进课题研究，提升实践能力。通过开展课题实验和项目建设，提高团队在学校家委会、社区家委会和学校、社区家庭教育中的工作能力，注重课题研究成果的实践转化，形成研究源于实践、成果指导实践的良好局面。

三是完善考核评价，激发工作活力。学校建立相应的管理制度和奖励机制，对教师、家长在家庭教育工作量、专业研修、评优树先等方面设立专业考核指标；设立教师创新奖、优秀班主任、优秀辅导员、智慧家长等表彰项目，定期考核，以评价促落实，激发工作活力，为研究生和家长树立榜样，传播正能量。

3. 完善育人路径,激活协同育人效能

一是家长参与服务管理,实现育人和谐互动。利用校园开放日、家长接访日、家长驻校办公等家校沟通渠道,让家长走进学校,亲身感受研究生的学习生活和校园文化,了解学校育人理念。学校在听取家长意见的同时,向家长传达协同育人的方法和要求。

二是发挥家长教育职能,提高育人合作能力。家庭教育工作室通过问卷调查、家访等方式,了解研究生思想动态,收集家长教育问题,建立家长服务清单,制定研究应对方案。针对网课、论文压力、职业选择等问题,工作室与班主任、辅导员、教师共同研讨,制定亲子交流会方案,开展线上线下相结合的师生心理健康讲座、家长学习活动,多渠道推送学习内容和活动信息,持续为家长提供专业指导,助力研究生健康成长。

三是设立家长教育课程,拓宽家庭教育载体。以研究生发展和家长成长为目标,通过教研模式打造"家校社"协同育人课程体系,如"1＋3＋N"学校家庭教育课程:"1"指一年四次八课时的基础性家长课程;"3"指体验课程、"微"课程、千家课程三个校本家长课程;"N"指各年级自主开展的若干个家长课程集群。"TFC"社区家庭教育课程:"Teacher"(T)基于社会资源的师本课程;"Family"(F)基于家长资源的家本课程;"Community"(C)基于社区资源的社本课程。"家校社"协同育人课程围绕课程目标、课程内容、课程实施、课程评价四个方面制定详细的实施课程,推动"家校社"协同育人课程体系的建设与发展。

第二节　研究生心理危机预防

研究生心理危机预防需要多方参与。在现阶段大学管理模式下,朋辈心理委员与大学生共同学习、生活,物理空间、心理空间更加接近,彼此相近的经历和感受为心理危机的识别和表露提供了条件。处于危机中的大学生更容易向同伴倾诉和表达感受,寻求帮助和支持。因此,朋辈心理委员是大学生心理危机预防中的重要支持力量。朋辈心理委员要学习收

集相关信息、识别危机、初步干预危机等技能,以便更好地开展校园危机预防工作。

本节将从危机前信息收集、危机中初步干预、危机后支持三个部分来具体展开朋辈心理委员的危机预防工作。

一、心理危机发生前心理委员的危机预防

部分心理危机信号会通过"客观事件"表现出来,例如遭遇严重灾难或创伤事件、家庭变故等。对于研究生而言,适应困难、情感问题、人际冲突、学业压力等都可能影响心理健康,甚至产生心理危机。因此,朋辈心理委员可以在日常学习生活中,制作相关数据库收集学生信息,觉察"客观事件"的心理危机信号。

(一)心理危机预警数据库

常见的心理危机预警数据库,至少包括以下 44 项内容。

1.全班总人数。(班级概况)

2.男生人数。(班级概况)

3.女生人数。(班级概况)

4.挂科的学生姓名。(学业困难)

5.经常逃课的学生姓名。(学业困难)

6.经常外出上网的学生姓名。(时间管理)

7.喜欢旅游探险的学生姓名。(个人安全)

8.男生居住的宿舍号。(班级概况)

9.女生居住的宿舍号。(班级概况)

10.男生各个宿舍的成员姓名。(班级概况)

11.女生各个宿舍的成员姓名。(班级概况)

12.各宿舍发生过的最大冲突事件及涉事学生。(人际冲突)

13.熄灯后喜欢用应急灯学习或使用电脑做事的学生。(人际冲突、时间管理)

14.长期在外租房住宿的学生。(个人安全、人际冲突、身心疾病)

15. 已经谈恋爱并且与恋人相处良好的学生。(情感问题)

16. 恋爱中正在闹分手的学生。(情感问题)

17. 准备出国的学生。(学业困难)

18. 与父母冲突很大的学生。(家庭冲突)

19. 对专业不满意的学生。(学业困难)

20. 对高考所报学校、志愿不满意的学生。(学业困难)

21. 因参加社团活动多而影响学习的学生。(学业困难)

22. 与父母没有正常沟通的学生。(家庭冲突)

23. 父母感情发生变化的学生。(家庭冲突)

24. 父亲或母亲突患重大疾病的学生。(经济压力)

25. 仅喜欢与同性交往的学生。(人际冲突)

26. 性格孤僻不与人交往的学生。(人际冲突)

27. 经济状况特别贫困的学生。(经济压力)

28. 申请了助学贷款的学生。(经济压力)

29. 容易与同学发生争吵辩论的学生。(人际冲突)

30. 保研分数名次处在保研名额附近的学生。(发展压力)

31. 在竞选或比赛中失利的学生。(发展压力)

32. 英语四、六级考试多次未通过的学生。(学业困难)

33. 自诉做事要反复检查的学生。(焦虑压力、身心疾病)

34. 长期失眠的学生。(焦虑压力、身心疾病)

35. 没有手机或电脑的高年级学生。(经济压力)

36. 发生过重大失窃事件的学生。(经济压力)

37. 发生过重大被骗事件的学生。(经济压力)

38. 至亲密友意外死亡的学生。(重大丧失)

39. 身患重病的学生。(经济压力、身心疾病)

40. 考研失败的学生。(发展压力)

41. 求职面试受阻的学生。(发展压力)

42. 休学后复学的学生。(发展压力)

43.打算退学的学生。(学业困难、经济压力)

44.因经济困难做两份及以上兼职的学生。(经济压力)

以上44项内容是高校心理工作者在心理辅导实务中总结出来的危机预警数据库。朋辈心理委员可以根据实际情况调整相关内容,确保班级预警数据库的有效性、即时性,这为朋辈心理委员在最基层做好"心理危机第一守门人"打下扎实的基础。

(二)心理危机信号

心理委员以此数据库指导信息收集工作,能更全面、直观地了解班级学生状态,并及时关注到"客观事件"中的危机信号,例如个人安全、学业困难、人际冲突、身心疾病、时间管理、情感问题、家庭冲突、经济压力、发展压力、重大丧失、焦虑压力等。

除了"客观事件"的危险信号,还有当事人的主观表现信号。台湾学者林昆辉将这些心理危机信号总结为"六变三托",心理委员可以根据这九种信号觉察异常,及时帮助同学。

1."六变"

①环境改变:家庭发生重大变故,如亲人离世、父母离婚等。

②性情改变:原先积极乐观的人变得消极颓废,原本内向腼腆的人变得性格张扬。

③身体改变:急性或慢性重病患者,比如被诊断患有恶性肿瘤的学生。

④花钱改变:花钱突然变得大手大脚,想通过钱来交代(了结)和这个世界或某些人的关系。

⑤行为改变:不做自己应该做的事情,不应该做的反而做了,而且不会觉得自己做得不对。生活作息发生巨大改变,例如白天睡觉、不吃饭等。

⑥言语改变:格外关注一些宗教或哲学中的价值感,想从中找支撑点;咨询或搜索死亡的信息、自杀的方法;动不动就提到"死"字,由生活事

件经常联想到死亡。

2."三托"

①托人:突然间向亲朋好友发出嘱托或者要求,比如有同学想自杀时,会拜托室友、同学帮忙问候自己的家人。

②托事:一些原本应该由自己负责的重大事件,却突然请求或要求他人代为执行或完成,比如做项目时,自己尽心尽力跟了一大半进度,却突然委托同学代为执行。

③托物:平时自己很珍惜的一些玩物或宠物,却突然转手,比如喜欢的明星周边产品,以往爱护得不行,却突然送给朋友。

如果心理委员发现身边的人有上述情况,他们很可能有心理危机,要加以重视,并进行初步干预。

二、心理危机发生时心理委员的危机干预

尽管各高校都把全员、全程、全方位育人的理念应用到了心理健康教育工作中,但是研究生心理危机的发生是不可避免的。

(一)认识心理危机

心理危机是指个体在遇到突发事件或重大挫折和困难,使用现有资源无法有效应对时,出现认知、情感、躯体或行为等方面的失衡或危险状态。

引发的事件或困难,没有客观标准,是由当事人的感受决定的,例如心爱的小狗的离世对于有些人来说是普通事件,但是对于一些同学来说可能是巨大的打击。研究生心理危机常见的困难或挫折有失恋、考试失利、求职失败、人际冲突、被父母长期忽视等。

研究生的生活阅历以及社会资源有限,有时难以应对生活中重大困难或挫折引发的创伤,会陷入认知、情感、躯体或行为等失衡的状态,例如陷入绝对化的思维("我果然是最没用的那一个")、长期情绪低落(对生活失去兴致)、失眠(长期入睡困难)等。长期失衡还可能引发危险状态,例

如重度抑郁、自杀自伤等。

(二)心理危机类别

一般将研究生心理危机分成三类:发展性危机、境遇性危机、存在性危机。

一是发展性危机,比如个体在成长发育和新环境适应中出现各种问题或是急剧的变化,个体不能很好地适应自己现在的生活、环境、人际交往,就有可能出现各种危机。

二是境遇性危机,主要是指面对一些重大创伤性事件,比如遭遇了天灾人祸或者失恋等重大挫折,这些时候可能会出现境遇性危机。

三是存在性危机,是指伴随着人生的重要问题,比如人生目的、承担的责任或者出现心理冲突而变得异常焦虑,尤其是在面对复杂的选择时,可能会出现各种危机,例如失业困扰等。

(三)心理委员的危机初步干预

心理危机会给研究生带来痛苦和危险,专业危机干预能帮助大部分学生恢复心理健康状态。心理委员虽然不能提供专业干预,但是能发挥重要的作用。

作为心理委员,学校三级心理工作网络的最小单位,除了做好包含44项内容的班级预警数据库的更新外,一旦发现班级成员出现心理危机情况,心理委员还可以做以下初步干预,即询问、报告、陪伴与关注。

我们将心理委员的初步干预进一步分解为以下具体行为。

1. 询问

当发现学生出现心理危机的信号时,心理委员可询问当事人当下的真实感受,例如关于危机的问题:你最近不开心吗? 自己不开心的时候有没有想过不想活了? 你最抑郁、最难过的时候,觉得问题解决不了的时候,有没有想过伤害自己? 有没有想过明天早上不醒来就好了?

询问会帮助心理委员发现和阻止同学自我伤害。在这样的情况下,请注意不要以下面的句式去询问问题,因为它有不良的暗示,比如:你现在过得那么糟糕,你不会干傻事的对吧?当这样问的时候,表达出别人觉得这件事情是不应该发生的或者说有这个想法的人很傻、很糊涂,所以同学即使有这样的想法,即便是最好的朋友,也不再愿意吐露真实想法。

2. 报告

心理委员发现危机后不需要解决所有问题,需要做的是立刻报告老师。学校往往有专业的危机干预团队,他们更有经验,可以及时、专业地干预。想要自杀的学生通常认为自己不会得到帮助,甚至怀疑学校或家长会批评、指责自己,所以有时他们不去寻求帮助。心理委员需要做的是预防和应对这样一个严重的危机事件。最佳的处理方式是陪伴这个同学直接找到能够提供帮助的老师,如果心理委员不知道哪位老师比较有经验,可以直接联系辅导员,辅导员往往可以直接联系到专业干预队伍。在此期间,心理委员把这位同学带到老师面前或者向老师报告的时候,一定要始终跟他在一起,心理委员陪伴着这位同学,就是保证其生命安全的最好方式,找到老师、找到专业人员后就可以进行有效的处理。

3. 陪伴

当心理委员发现周围的朋友或者同学出现心理危机的时候,要做的重要事情是陪伴其去寻求帮助。一个人尝试伤害自己的时候,如果身边有人就能阻止危险行为的发生,就可以支持他,甚至挽救他的生命。换言之,如果一个人心里没有牵挂,没有在意和爱他的人,也没有他爱和在意的人,就很容易实施自我伤害的行为。有人陪伴可能改变他的想法,从而停止伤害自己。

当心理委员发现同学有自杀倾向的时候,可以陪在同学身边,同时温和而坚定地拿走或者控制住所有他能够用来自我伤害的工具,比如绳索、刀具、药品等。这个时候心理委员的态度要坚决而温和。坚决是指绝对不能商量,不能把危险物品留在身边,要把所有能伤害人体的工具都拿走。温和是指心理委员可以解释做这些事情是为了帮助同学,是珍惜同伴的生命,是出于关心和爱护同学。

人处于绝望和困扰当中时,最让人绝望的可能并不是事实本身,而是没有人愿意理解和帮助他,没有人能够理解和倾听他的声音。心理委员的陪伴就是一种希望,这个希望意味着还有更多人愿意来帮助他。心理委员在陪伴的过程中,可以安抚他"这个问题一定能解决,即便现在还没有找到解决的方式,也许是时间问题,我们一起帮助你解决困难""我很在意和关心你,你可不可以跟我在一起,我可以陪你去寻求帮助,我们一起去看医生,我们一起去找老师,你可以让我帮助你吗?""我是你最好的朋友,你遇到困难我也很担心,我也特别想帮助你,我知道你的问题是可以解决的"。心理委员的倾听、关心和帮助意愿可以使同学重燃起生命希望。

4.关注

心理委员觉察到同学的危机信号后,可以通过其社交平台了解同学的心理动态。研究生往往会在社交平台(例如朋友圈、QQ 空间、微博等)表露自己的真实情绪。即使他想要采取一些危险行为,也可能在社交平台发出最后的信号,例如"活着真的太累了""有没有什么办法不那么痛"等,这些信号都可能是学生心理危机的直接表达,也可能是对外界的求助暗示。心理委员觉察到其社交平台的危险信号后,可以第一时间报告老师,并及时"询问""陪伴"。

心理委员将心理危机同学转介老师后,依然要对处于心理危机中的同学的微博、QQ 空间以及微信朋友圈等给予关注。因为心理危机具有过程性、波动性,如果干预不佳,下一次困难的刺激就可能再次引发危险行为。

如果处于危机中的学生能够得到需要的帮助,那么他们完全可能放弃伤害行为。心理委员在同学需要的时候陪伴和伸出援助之手,具有重要意义,初步干预能有效避免大部分危险行为的最终发生。

三、心理危机发生后心理委员的危机处理

心理危机的处理结果可能存在两种情况:一是心理危机得以解除,学

生状况得以恢复,心理状态转为正常;二是心理危机继续恶化,出现不良后果。

对于危机解除的学生,心理委员应该继续关注和陪伴,强化学生的归属感。对于危机恶化的同学,心理委员可以从以下四个方面开展工作。

第一,对心理危机学生周围的同学按照专业心理教师的要求做一些危机后的信息宣传,稳定有关同学的心理状态。

第二,配合校内外有关各方做一些力所能及的善后处理事务。

第三,协助有关方面总结此次心理危机干预中的得与失。

第四,继续改进与践行心理危机干预的有效新举措。

(一)资源搜集

心理委员在危机后需要总结所处的学校或者社区有些什么样的资源,可以在朋友和同学感到绝望的时候,及时找到可以提供帮助的人。辅导员和班主任是最常见的求助对象。如果是同一个实验室的同学可以向导师求助,还可以联系学校里的心理咨询中心。各个城市都会有精神专科医院,如果学生的危机是由心理疾病所引发的,例如抑郁症,需要及时求助精神专科医生。心理委员可以在危机处理中收集以下相关医疗资源信息。

①辅导员:姓名、电话、微信、办公室。

②班主任:姓名、电话、微信、办公室。

③导师:姓名、电话、微信、办公室。

④心理咨询中心:姓名、电话、办公室。

⑤其他校园求助对象:姓名、电话、办公室。

⑥校园心理求助热线:电话。

⑦校外专业心理援助热线:电话。

⑧本地精神专科医院:地址、电话、挂号流程。

(二)心理老师记录

作为专业心理教师,对心理委员的报告和反馈,需及时做好记录(参见表5-1),并保密应对。

表5-1 心理委员意见反馈表

心理委员		班级		联系电话	
所在学院		日期		电子邮箱	

专业心理教师签名：　　　　　　　　年　月　日

第六章 心理健康课程的标准化建设

第一节 心理健康教育课程体系 建设的标准化

一、高校心理健康教育课程的课程体系

(一)依据课程性质构建丰富的课程体系

1. 必修课

高校心理健康教育必修课程体系应当涵盖以下方面：

①走进心理健康,让学生学习心理学基础知识,掌握科学的心理调适方法;

②了解心理咨询,引导研究生正确看待心理咨询,通过心理咨询调整个人心理状况,建立心理平衡,促进个体自我成长;

③认识异常心理,帮助学生了解正常和异常的标准和区分,坦然面对自己正常或异常的心理;

④自我意识,旨在引导学生探索自我,悦纳自我,学会接纳真实的自己,爱自己,爱他人,爱生活;

⑤情绪管理,了解情绪的形式、情绪的状态,提升情绪管理技能;

⑥爱情与性心理,包括爱情的发展阶段、爱情理论、性心理问题及调适等;

⑦压力管理与挫折应对,学生可以认识压力和挫折、学会应对办法,提高心理抗挫能力;

⑧生命意义和价值,通过了解生命和生命意义、引导学生珍惜生命、

树立正确的价值观；

⑨职业生涯规划，了解择业心态，提升面试技巧等。

2.选修课

选修课是心理健康教育必修课的必要补充和延伸，高校应为各年级对心理学有兴趣的学生开设研究生心理健康相关的选修课，为学生提供种类多样、内容丰富的心理教育课堂。选修课授课内容涵盖爱情心理学、成功心理学、学习心理学、成功心理训练、心理咨询与治疗、积极心理学、人格心理学、团体心理辅导、人际交往心理与技巧、情商管理、职业核心能力等。

(二)依据年级特点构建针对性课程体系

基于不同年级研究生心理成长的需求，在研一至研三不同学习阶段，依据年级特点设置不同侧重点的教学内容。研一学生刚踏入研究生阶段，由于学术环境、研究方向以及导师风格等方面的差异，入学后会面临学术适应、研究方法掌握、科研团队融入等问题。因此针对研一学生，以必修课形式开设研究生心理健康教育课程，主要内容包括学术生活适应、学术自我认知、科研方法入门引导、科研人际关系构建等，让研一学生掌握必要的心理健康知识，提升心理调适能力，快速融入研究生学术生活。

研二、研三的学生逐渐适应了研究生的学术节奏，但此阶段容易因科研项目进展不顺利引发压力与焦虑，因学术合作中的沟通问题产生人际困扰，因学术成果产出压力导致心理负担过重等。调查发现，研二、研三阶段的心理健康教育课程应着重提高学生心理调适能力，增强心理韧性。因此针对研二和研三学生，以选修课形式开设相关课程，学生可以根据自身需要和兴趣自主选择，如科研压力应对、学术情绪管理、学术合作与人际沟通、学术挫折应对技巧等，帮助学生恰当处理科研人际关系，正确面对科研压力与挫折，掌握应对危机的方式，保持积极的学术心态。

研三的学生主要面对的是毕业去向问题，如就业求职、继续深造读博等。可以通过讲座或者团体辅导的形式对研三的学生进行正确的职业规划教育、就业心理调适、升学心理辅导等，帮助学生应对就业与升学压力，明确自我定位,顺利实现从校园到职场或更高学术平台的角色转变,为未来发展做好心理准备。

二、心理健康教育课程的师资队伍

(一)组建专业化师资队伍

高校心理健康教育具有科学性、专业性和技术性,原则上要求高校心理健康教育教师具有心理学专业硕士以上学历,并接受过专业的心理理论与技能培训,能够胜任研究生心理健康教育工作。当前高校讲授心理健康教育课程的教师队伍,主要由高校从事心理健康教育工作的专兼职教师,心理学、教育学等相关课程的教师,思政课教师或辅导员等组成。为了建设专业化师资队伍,各高校可采用以专职教师为主,吸收拥有二级心理咨询师资格的辅导员、有相关专业背景和一线学生心理健康教育工作经历的教师协助教学,建立起一支稳定的专兼职结合的心理健康教育课程标准化师资队伍。

(二)提升专业化水平技能

教师专业化发展是当前国际教师教育改革与专业发展的普遍趋势,心理健康教育课程教师也必须具备扎实的理论知识、技能技巧和实践经验。非心理专业教师在开课前应系统学习心理学相关知识,再将心理学专业知识与自己本身专业相结合。高校应积极为教师创设条件,把师资培训工作纳入年度工作计划,设立专项经费,开展校际交流,聘请行业专家到校做督导,提升心理健康教育专业教师的技术技能,增强教师教学效果。教学管理单位要定期组织教学研讨,组织专、兼职教师参加业务培训和学术会议等。

教学与科学研究相结合是高校普遍实行的教学原则和办学方针,旨在提高教师胜任力,使教师队伍始终处于科学技术和学术文化发展前沿,保证教学内容与质量的不断更新与提高,教师钻研学术的行为也能潜移默化地带动学生勤奋向上,开拓创新。因此,高校要通过"以研促教"的形式开展心理健康教育,组织集体备课、接受教学督导、研讨教学方案、编写教学教材、申报教学科研项目等,并在工资待遇、职称评审等多个层面上,适当地向从事心理健康教育工作的专职教师倾斜,鼓励教师积极从事相关研究工作,为心理健康教育工作提供理论支撑,提升教师专业化技能,推进心理健康教育工作的实效性。

三、心理健康教育课程的实施运行

(一)理论课教学

理论课教学指的是心理健康教育教师以心理学理论为指导,通过课堂讲授的方式讲解相关理论知识,帮助学生了解心理健康知识,掌握心理调适方法,提升心理健康素养。教师可以依托"互联网＋教育"模式,充分发挥互联网的开放性、快捷性和共享性,建设网络课程资源库,包括微课、公开课资源、课件资源。微课依托网络发布,由本校教师或聘请校外专家录制,讲授重点内容。公开课资源由专人收集网络上的一些心理健康专家的课程、讲座等优质心理健康教育公开课资源。由专人将线下授课的心理健康教育课程 PPT 课件、视频等资源进行整理加工。这些资料可以在心理健康教育网站、微信公众号等平台定期发布,学生能够自由决定学习的时间和地点,增强教育的灵活性。教师搭建线上网络教学平台,开展线上线下混合式教学,例如疫情防控期间通过学习通、腾讯会议等平台开展线上教学,保证学生的学习进度不受影响。

(二)实践课教学

心理健康教育实践课教学是指以学生为中心,以提升心理素质的实践活动为载体,以经验感知为主要教学内容,以心理素质训练、团体辅导活动、角色扮演等为形式,使学生获得对周围人、事、物的感知,实现自身内化,培养良好的心理素质和思想政治素质。实践课教学可分为课堂实践和课外实践两种形式。

1. 课堂实践

课堂实践教学主要是建立以训练活动为主线、以心灵体验为核心的心理健康教育模式,用活动内容激发内心体验。教师在线上或线下开展课堂实践时,均可以在讲授完理论知识后,根据课程主题提供相关案例,组织学生学习分析、话题讨论。线上还可以让研究生在线自学学习平台的各个专题知识,进行相关的主题讨论。

2.课外实践

课外实践主要有专题讲座、团体心理辅导、心理情景剧大赛、心理征文比赛、积极心理训练等形式。比如,抓住不同时间节点,针对不同专业、不同年级研究生的群体特点开展心理健康教育专题讲座。针对研一新生,开展科研入门与学术适应讲座,帮助他们快速融入研究生学术生活;针对研二学生,举办学术论文撰写技巧、科研项目管理等讲座,助力他们在学术研究上取得突破;针对研三学生,开展职业发展规划、求职心理调适等讲座,帮助他们顺利迈向职场或继续深造 。教师针对研究生们关心、关注的或普遍存在的问题开展主题团体心理辅导,如学术压力应对、科研合作沟通、学术诚信与道德、职业选择与发展、情绪管理与心理调适等,还可以创造性地开展积极心理训练,组织心理健康主题读书会,举办心理健康知识竞赛、心理微电影大赛、心理微博大赛、心理展板大赛、心理征文大赛等课外实践活动,营造积极健康的心理文化氛围,帮助研究生缓解科研压力,提升心理素质,促进其身心健康发展 。

第二节 心理健康教育课程
教学目标的标准化

科学定位教学目标是课程建设中最基本和最关键的环节。明确教学目标也是课程教学的前提和基础。对研究生心理健康教育课程教学目标的认识和把握,必须尊重一个基本事实和要求,即研究生心理健康教育课程是高校心理健康教育的组成部分,虽然服务和服从于研究生心理健康的目标,但又有别于其他形式的心理健康教育。

一、心理健康教育课程的总体目标

心理健康教育是提高研究生心理素质、促进其身心健康和谐发展的教育,是高校人才培养体系的重要组成部分,也是高校思想政治工作的重要内容。

课程教学是心理健康教育的主渠道,其教学目标要遵循思想政治工作的要求,服务于高校心理健康教育的总体目标。心理健康教育课程要落实立德树人根本任务,将价值塑造、知识传授和能力培养三者融为一体,做到知识传授、心理体验、行为训练与价值引领同频共振,显性教育和隐性教育相统一。引导学生正确认识义和利、群和己、成和败、得和失,培育学生自尊自信、理性平和、积极向上的健康心态,促进学生心理健康素质与思想道德素质、科学文化素质协调发展的任务和要求。具体来说,一方面从提升研究生心理健康素养的角度制定教学目标,另一方面结合价值引领的需要,制定课程思政目标。

二、高校心理健康教育的三维教学目标

高校学生心理健康教育课程是集知识传授、心理体验与行为训练为一体的公共课程。课程旨在使学生明确心理健康的标准及意义,增强自我心理保健意识和心理危机预防意识,掌握并应用心理健康知识,培养自我认知能力、人际沟通能力、自我调节能力,切实提高心理素质,促进学生全面发展。通过课程教学,使学生在知识、技能和自我认知三个层面达到以下目标。

(一)知识层面

通过课程的教学,使学生了解心理学的有关理论和基本概念,明确心理健康的标准及意义,了解研究生阶段人的心理发展特征及异常表现,掌握自我调适的基本知识。

(二)技能层面

通过课程的教学,使学生掌握自我探索技能、心理调适技能和心理发展技能。如学习发展技能、环境适应技能、压力管理技能、沟通技能、问题解决技能和自我管理技能、人际交往技能和生涯规划技能等。

(三)自我认知层面

通过课程的教学,使学生树立心理健康发展的自主意识,了解自身的心理特点和性格特征,能够对自己的身体条件、心理状况、行为能力等进行客观评价,正确认识自己、接纳自己,在遇到心理问题时能够进行自我调适或寻求帮助,积极探索适合自己并适应社会的生活状态。

三、高校心理健康教育课程的四维教学目标

课程教学作为心理健康教育的主渠道,要帮助学生掌握心理健康知识和技能,树立自助、互助、求助意识,学会理性面对挫折和困难,培育积极心理品质,激发学生潜能,促进生命成长,提升生命能量,促进学生个体实现自我价值,活出生命精彩。心理健康课程以培育研究生自尊自信、理性平和、积极向上的社会心态的需要为出发点,确立提升研究生的心理健康素养,促进研究生人格完善,培养担当民族复兴大任的时代新人为目标。高校心理健康教育的四维目标具体如下。

(一)知识目标

传授心理健康的相关理论和知识是研究生心理健康教育的应有之义。客观上,研究生也需要心理健康和自我心理发展方面的知识。通过课程的教学,使学生了解心理学的有关理论和基本概念,明确心理健康的标准及意义,了解研究生阶段人的心理发展特征及异常表现,掌握自我调适的基本知识;使学生树立心理健康发展的自主意识,了解自身的心理特点和性格特征,能够对自己的个性特点、心理状况、行为能力等进行客观评价,正确认识自己、接纳自己,在遇到心理问题时,能够进行自我调适或寻求帮助,积极探索适合自己,并适应社会的生活状态。

(二)能力目标

基于积极心理学的理念,研究生心理健康教育课程应以研究生成长

和生活中遇到的问题为导向,注重培养学生的心理调节和适应能力。通过课程的教学,使学生掌握自我探索技能、心理调适技能及心理发展技能,如学习发展技能、环境适应技能、压力管理技能、沟通技能、问题解决技能、自我管理技能、人际交往技能和生涯规划技能等。

(三)素质目标

高校心理健康教育要面向全体学生,全面提升研究生的心理健康素养。课程教学要实现全覆盖性的心理健康知识普及,帮助学生全面了解自己,接纳自己,发现自身潜能,增强心理承受能力、环境适应能力、情绪控制能力、应对困难和挫折的能力,自觉维护自身心理健康的同时,能够适时、适当地应用所学知识和技能去帮助和服务他人。在提高研究生心理健康素养、促进其身心健康和谐发展的基础上,培育研究生理性平和、积极向上的社会心态。高校要站在培养时代新人的高度去认识心理健康教育的重要性。

(四)课程思政目标

心理健康教育课程思政目标,要贯穿知识、能力和素养目标实现的全过程。课程思政建设内容要紧紧围绕"五个热爱",即爱党、爱国、爱社会主义、爱人民、爱集体,以及"六大教育",即中国特色社会主义和中国梦教育、社会主义核心价值观教育、法制教育、劳动教育、心理健康教育、中华优秀传统文化教育来进行。课程思政的目标体现在以下五点:①在教学中,推进习近平新时代中国特色社会主义思想进教材、进课堂、进头脑,引导学生了解世情、国情、党情、民情,增强"四个意识",坚定"四个自信",做到"两个维护"。②通过教学促进社会主义核心价值观的内化和学生人格的成熟。引导学生将个人的心理成长与国家、社会、公民的价值要求融为一体,将社会主义核心价值观内化为精神追求、外化为自觉行动。③通过挖掘中华优秀传统文化的心理教育资源,厚植家国情怀和文化自信,引导学生传承中华文脉,富有中国心、饱含中国情、充满中国味。④在课程中渗透宪法法制教育,引导学生学思践悟习近平全面依法治国新理念、新思想、新战略,自觉用法律维护自身和他人的身心健康。⑤在人际交往、情绪管理和人格养成等教学专题中，渗透职业理想和职业道德教育，培育学生开拓创新、诚实守信、爱岗敬业等优秀的职业品质和行为习惯。

第三节　心理健康教育课程
教学内容的标准化

自 2011 年教育部《基本要求》发布以来，各高校结合本校实际，开设心理健康教育必修和选修课程，保证学生在校期间普遍接受心理健康课程教育。《基本要求》提出了心理健康教育课程的性质、教学目标、教学内容、教学模式和方法等，从宏观层面上指导了心理健康教育课程的教育实践。但在微观课程教学层面，还需要进一步结合学生学情分析、学校自身教学资源制定更具针对性的内容标准。

一、阶段式教学内容设计的依据和思路

(一)设计依据

①以发展心理学、社会心理学、健康心理学、积极心理学等学科理论为基础，以学生心理素养提升、积极心理品质培育、生命意义构建为设计目标。

②以学生心理健康发展理论研究、高校心理健康教育教师的实践经验为依据，尊重学生心理发展的规律。

(二)设计思路

不同年级的研究生对心理健康教育知识的需求不同，需要解决的心理问题也不同，心理健康教育课程的开设应该重视这一现象，开设适应服务于研究生不同阶段的心理健康教育课程。

基于对不同年级研究生心理成长的需求，设计了阶段式教学内容的思路。阶段式教学内容体系可以根据不同学校的教学安排灵活调整。课程内容体系并不是均匀分布的，而是采用梯度结构。随着年级的递增，教

学课时量可相对减少。

二、阶段式教学内容

阶段式教学内容安排分为三个区块,分别为低、中、高三阶梯度,具体教学内容可根据实际情况适当调整。第一区域专题适用于研一新生,主要内容为研究生涯规划、学术环境适应、科研人际沟通技巧、学术自我认知与定位、学术生涯发展规划等专题,助力他们快速融入研究生阶段的学术生活,明确发展方向。第二区域专题适用于研二、研三学生,主要内容为科研压力与情绪管理、学术合作中的人际关系处理、学术挫折应对策略、学术人格塑造与发展等专题,帮助他们在科研道路上更好地应对各种挑战,提升自身学术素养和心理素质。第三区域专题适用于即将毕业的研三学生,主要内容为学术成果转化与个人职业发展、毕业季心理调适、学术人生与生命意义的思考、职场幸福心理构建等专题,引导他们顺利完成从校园到职场或更高学术平台的过渡,以积极的心态迎接未来的挑战。

(一)第一区域教学内容计划

1.主题一:研究生心理健康

通过教学使学生了解心理健康知识、研究生心理健康的标准,树立正确的心理健康观念,能够自主地调整心理状态,维护自身的心理健康。

教学内容:

①心理学和心理健康的基本知识;

②研究生心理发展的特点;

③研究生心理健康教育的内容;

④研究生心理健康的标准;

⑤研究生健康心理的培养与塑造。

2.主题二:学校心理咨询

通过教学使学生了解心理咨询的基本概念和功能、心理咨询的内容与类型,建立正确的心理咨询观念以及自助求助的意识。

教学内容：

①心理求助与心理助人；

②心理咨询与治疗；

③研究生心理咨询的意义和特点；

④研究生心理咨询的内容与类型。

3. 主题三：研究生心理困惑及异常心理

通过教学使学生了解常见的研究生心理困惑及异常心理，了解心理疾病，知道哪些心理困扰可以通过自我调整或心理咨询解决，哪些心理疾病需要专业医疗机构诊治。

教学内容：

①心理困扰与异常心理；

②心理疾病的诊断、治疗与康复；

③研究生常见的心理困惑及异常心理。

4. 主题四：研究生自我意识

通过教学使学生认识自我发展的重要性，了解并掌握自我意识发展的特点，能够识别在自我意识发展过程中出现的偏差及其出现的原因，并能够对其进行调适，建立自尊自信的自我意识。

教学内容：

①自我意识的概述；

②研究生自我意识发展的特点；

③研究生健全自我意识的塑造；

④研究生自我意识的偏差及其调适。

5. 主题五：生涯规划和能力发展

通过教学帮助学生了解在大学期间需要发展的能力目标，并在此基础上对自己的研究生涯进行规划，有目的地安排自己的时间，更好地适应大学生活，获得自我发展。

教学内容：

①大学生活的特点和生涯规划；

②研究生能力概述和发展目标；

③大学期间生涯规划的制订；

④学会时间管理。

6. 主题六：研究生人际交往

通过教学使学生了解人际交往的意义、特点和类型，理解影响研究生人际交往的因素，掌握基本的交往原则和技巧，了解人际冲突的应对与化解策略，提升人际交往能力。

教学内容：

①人际交往与人际关系概述；

②研究生人际交往的特点；

③研究生人际交往的原则和技巧；

④研究生人际冲突的应对与化解。

7. 主题七：研究生恋爱心理与性心理

通过教学使学生了解自身性生理和心理的发展，认识研究生恋爱心理的特点，了解研究生在性心理和恋爱心理方面存在的问题，形成对性心理和恋爱心理的正确认识。

教学内容：

①恋爱心理概述；

②研究生恋爱的特点；

③研究生恋爱困扰及应对；

④性与性心理概述；

⑤研究生常见性心理困扰及应对。

8. 主题八：研究生压力管理与挫折应对

通过教学使学生正确理解压力和挫折，了解研究生压力和挫折的主要来源，了解压力和挫折对人生的意义，学会正确管理压力和应对挫折。

教学内容：

①压力和挫折概述；

②研究生压力和挫折的产生与特点；

③压力和挫折对研究生心理的影响；

④压力管理与挫折应对。

9.主题九:研究生心理危机干预

通过教学帮助研究生识别心理危机的信号,掌握初步的干预方法,预防心理危机,维护生命安全。

教学内容:

①心理危机概述;

②研究生心理危机的特点及其表现;

③研究生心理危机的预防与干预。

(二)第二区域教学内容设计

1.主题十:研究生人格发展

通过教学使学生了解人格的基本知识、当代研究生的人格特征和自我人格发展状况,掌握研究生常见人格缺陷的表现、形成原因和调适方法。

教学内容:

①人格概述;

②研究生人格的发展和塑造;

③研究生人格完善的途径。

2.主题十一:研究生学习心理

通过教学使学生了解大学学习活动的基本特点与学习心理特点,了解研究生学习心理障碍的表现及成因,学会调适学习心理障碍,使自己拥有良好的学习心理状态。

教学内容:

①学习的心理机制;

②研究生学习的特点;

③研究生常见的学习心理困扰和应对;

④研究生学习能力的培养和潜能开发。

3. 主题十二：研究生情绪管理

通过教学使学生了解自身的情绪特点，掌握情绪调适的方法，自主调控情绪，保持良好的情绪状态。

教学内容：

①情绪的概念、特点及其功能；

②研究生情绪问题及其管理；

③研究生积极情绪的培养。

(三)第三区域教学内容设计

1. 主题十三：研究生生命意义的探寻

通过教学帮助学生领悟生命意义的概念及其内涵，了解生命意义与心理健康的关系，掌握探寻生命意义的途径，主动进行生命意义的探索。

教学内容：

①生命意义的概述与心理危机的概述；

②生命意义与心理健康的关系；

③生命意义的探寻。

2. 主题十四：就业心理调适

通过教学帮助即将毕业的学生了解就业心理的特点、常见就业心理问题的表现和成因，掌握就业心理调节的方法。

教学内容：

①研究生就业心理的概述；

②常见就业心理问题的表现；

③就业心理调节的策略。

第四节　心理健康教育课程
教学方式的标准化

研究生心理健康教育不同于其他学科教育，它是聚焦于研究生个体社会化过程中所出现的需求和问题，以"教育教学、实践活动、咨询服务、预防干预"四位一体格局为主的教学活动,其教育教学方式,也应着力于为培养德、智、体、美、劳全面发展的社会主义接班人而服务,在四维度课程教学目标的指导下进行标准化建设。

一、课堂教学

课堂教学是教师引导学生按照明确的目的、循序渐进地掌握教材内容的一种教育活动。从现有学校活动总量统计上来看,课堂教学所占的时间最多、涉及的知识面最广,也是对学生发展影响最大的方式。在教育教学中教师为主导者,学生处于主体地位,这就要求我们在进行心理健康教育时,既要尊重学生个性发展,又要注重学生全面发展,调动学生内驱力、培养学生积极品质、引导学生形成正确的核心价值观。

(一)讲授法

1.定义

教师通过口头语言向学生传授知识、培养能力、进行思想教育,这种讲授法在以语言传递为主的教学方法中应用最广泛,且其他各种方法在运用中常与讲授法结合。

2.发展过程

讲授法在教学中是一种最基础且重要的教学方式,它包含三种方式:讲述、讲解、讲演。在新课改背景下,如何体现讲授法的启发性,激发学生创新力,提升学生心理素养、发挥学生主体地位,成为一大问题。教育研究者也在不断优化讲授法,将社会发展与数字媒体相结合,使其语言表达更为生动、立体;将人文发展与艺术性相结合,使其内容更具系统性和逻辑性;将学生素质发展要求与其他教学方式的融合,使其教学价值得到延伸。

3.优势

讲授法的优点在于它能够在短时间内由教师通过多方的资源整合,利用语言向学生传递大量有效的信息,并且所授知识是无法用其他方式获得的。讲授法是其他教学方式的基础,能够与其他教学方式灵活结合,达到教学目标、育人目的。

4.使用条件

研究表明,讲授法在当前社会环境背景下的教学质量并不高,主要原因在于并不是所有教学内容都适用于讲授法。知识分为陈述性知识与程序性知识,陈述性知识适合采用讲授法,而程序性知识适合采用演示、探究法。陈述性知识是关于事物及其关系的知识,主要说明事物是什么、为什么、怎么样,心理健康教育的基本知识和理论属于陈述性知识,适合采用讲授法。

(二)案例教学

1.定义

案例教学主要是根据教学目的的要求,教师引导学生通过案例一起学习、分析、交流的一种活动,力求让学生更深层次地理解基本原理和概念,提高他们分析问题、解决问题的思路和技能。

2.发展过程

案例教学由美国哈佛大学法学院院长克里斯托弗·哥伦布·朗代尔于1870年首创,20世纪80年代引入我国。案例教学最早用于医学教学,启发学生掌握病症的诊断及治疗,医学院的教授将不同病症的诊断及治疗过程记录下来做成案例,用于课堂分析,以培养学生的诊断能力。后来案例教学法广泛应用于各个学科,心理健康教育也不例外。

3.优势

案例教学的优点在于方便教师在课堂中进行操作与课堂管理;帮助学生形成自主学习、探究学习、合作学习的意识,成为知识的信息加工者,引导他们将内部语言转化为外在富有逻辑性的语言,实现思维、表达能力的提高。

4.注意事项

①时间分配问题:课堂教学时间是有限的,为了确保教学质量和教学进度,教师要在上课前充分备课,合理安排案例教学的环节,选取具有代表性的案例进行分析、讨论;在学生提升相应能力的同时,成立课外讨论

组作为课堂的延伸,学生可在课下进一步充分表达自我观点。

②教室桌椅摆放:依据案例讨论的教学需求,教室桌椅摆放也有一定的要求,其目的是营造教学环境,加快构建以学习者为中心的教学理念,进一步为案例讨论教学增添一种互动气氛,拉近教师与学生的距离,加强沟通效果。有条件的可移步互动讨论教室上课,条件不成熟的学校可根据学生人数的多少,灵活调整桌椅摆放方式,例如将桌椅摆放成圆形、U形、梅花点状形、正方形等。

③学生数量问题:适量的学生人数是保障教学效果的一大因素,更有利于教师对学生进行个别辅导、因材施教,了解每一位学生的学习态度和发展状况。

5. 实施流程

①精选案例。案例的选取是案例教学的第一步,对案例的选择要遵循学科目标和任务,要能体现出课程思政的价值。教师在注重培养学生相应能力的同时,选取的案例还要符合时代背景,充分体现时代精神和道德规范建设。

②呈现案例。根据学生的学习特点,教师可采用新理念、新观念下的技术手段,多方位、多角度地向学生呈现相应的案例,如短视频、音频、数字化等方式,让学生尽快地理解案例所要表达的具体内容。呈现时机要根据教学目标适当安排,使学生能够在理解新知识的同时做到理论联系实际,承上启下拓展新内容。

③讨论案例。在学生讨论的过程中教师要适当地指导、提示、提出问题并解释等,确保学生讨论的问题始终是围绕相应主题内容展开的,尊重学生从不同的角度看问题、分析问题,做到求同存异,拓展思维,循循善诱。但对于违背社会道德、法律、社会规范的言论,教师要及时给予规范、纠正,帮助学生塑造正确的价值观。

④归纳总结。在学生讨论结束后,教师围绕学生讨论的具体情况进行相应的归纳和总结,进一步对学生在讨论过程中提出的具体问题进行有针对性的专业指导,但不做好坏的评判与答案的唯一性定论。教师的

归纳总结在最后会起到画龙点睛的作用,恰当地引导和分析能够使学生对相应的知识点有更为专业、明确的理解和掌握。

(三)角色扮演

1.定义

角色扮演是教师为学生提供一个真实的场景以及具有争论价值的案例,组织学生扮演原有场景中的角色,对故事进行演绎,从不同的人物、身份、立场,对事物本身的矛盾进行分析,从而树立正确的价值观,养成良好社会行为的教学方法。

2.发展过程

角色扮演理论是以米德的角色理论和班杜拉的社会学习理论为基础发展而来的,最初由美国学者将角色扮演尝试放到教学领域,直到20世纪90年代,我国才将此种方法引入到不同类型的教育实践中。

3.优势

在心理健康教育中嵌入角色扮演法是对课程思政改革的创新,角色扮演能对学生起到具有针对性的价值引领作用,有利于培养学生情感价值观,激发学生时代责任感。同时教育部思政课程也鼓励学生进行"四史"人物扮演(尤其是红色人物),借此心理健康教育可进一步提升学生自我展示的自信心,发展适应社会的能力,形成课程思政双交叉。

4.三要素

角色扮演的三要素是角色、情境、目的。离开了情境,无法为角色原有人物在当时的所思所想及行为表现做解释;离开了目的,角色扮演者就失去了扮演的价值与意义。

5.实施流程

①教师按照授课计划,提前拟定主题、设置教学目标。

②根据情境设计和学生兴趣,让学生自主选择相应的角色,同时学生要查阅角色人物所处时代背景、角色身份、人格特质、性格特点等信息,进一步把握角色人物特质,塑造立体形象的人物。

③组织角色演绎,可根据课时计划做好角色扮演活动衔接,让扮演的

学生演绎角色故事,其他同学观看并思考相关问题设置。若时间允许,可做穿越式角色体验,即穿越回角色人物所处背景时代,如遇同一情境,该如何演绎自己,处理问题。

④评估探讨,这一环节要进行双评估,一是观看的学生根据教师设问对扮演者的表演能力、人物心理塑形、社会价值演绎做出观点表达;二是扮演的学生感知角色设置,理解自我与社会,并反思角色扮演过程中所要掌握的知识和策略。

⑤教师点评,向学生反馈角色扮演过程中遇到的不寻常事件、冷场、障碍等,评价表演者和表演过程中的质量和组织问题,同时还需要利用主题知识点阐释演员间的冲突情境,将预期的意外结果、表演流程是否合理等问题同学生一起讨论、交流,最终对学生的综合素质做出评价。

二、课外实践

传统课堂教学形式一定程度上无法延续心理健康教育的功能,也未能满足新时代研究生心理健康教育的需求,为此亟需拓展第二课堂。第二课堂是学校德育工作的有效载体,实践证明,第二课堂活动的开展有利于营造和谐的心理氛围,让研究生在活动中体验、分享和反思,为学生带来全新的课程学习体验,从而帮助大家适应新环境,完成行为转变,调节自己的情绪,改善人际关系和创新思维,培养人的信任感和归属感,促进学生全面发展。

(一)团体心理辅导

1.定义

团体心理辅导是在团体中为成员提供心理帮助与指导的心理辅导形式,即以团体为对象,运用适当的辅导策略或方式,通过团体成员的互动,促使个体在人际交往中进行分享、体验、感受、认识自我、探索自我、接纳自我,调整改善与他人的关系、学习新的态度与行为方式,增强自我适应能力,以预防或解决问题并激发个体潜在能力的助人过程。

2.发展过程

1905 年,美国医生普莱特首次将团体辅导与治疗应用于临床治疗。

20 世纪 50 年代后,"咨询心理分会"的成立促使团体心理辅导进一步发展,进而广泛应用于培训、教育等行业。20 世纪 90 年代,清华大学樊富珉教授将团体辅导引入我国,团体心理辅导因自身的独特性和良好的治疗效果,逐渐拓展应用于全国教育、治疗机构中。

3. 优势

团体心理辅导形式多样,生动有趣,易于被学生接受,效果良好,能在专业人员不足的情况下,解决相同学生群体问题;同时参与者在团体互动中,认识自我、体验自我价值、发展社会性自我。

4. 准备事项

①主题目标确立。在开展团体活动前组织教师要依据课程教学大纲或当前大背景下学生的主观需求、实际的学情特征来确定主题目标。整个活动过程都要围绕该目标进行。

②活动设计。合理的活动设计是达成活动目标的基础。在活动设计时可事先利用调查问卷,了解学生的真实需求和集中出现的心理问题倾向,为活动方案提供参考和优化,在当前的社会背景下,很好地与学生成长相衔接。活动设计要遵循团体心理辅导的原则,为达成目标有的放矢、循序渐进地推进。时间上可根据教学时长,每周进行 1～2 次(每次 1 课时),持续时间为 4～6 周为宜。此外还要考虑经费问题,可按照学校给心理健康教育经费的比例合理预算与使用。

③小组成员招募。为确保团体心理辅导活动的效果,小组成员的招募坚持自愿原则,只有个体内在动机迫切时,才会达到良好的育人效果。成员可通过学校心理中心相关部门的宣传、公益讲座、海报张贴、心理委员动员等方式招募。小组人数规模需控制在 15～20 人,为了方便控制成员人数,组织教师可采用相关量表协助筛选更具活动针对性的学生。

5. 实施流程

学校心理健康教育是一个育人育心的过程,所以将团体心理辅导分为四个基本阶段:暖身、认识问题、克服障碍、收获总结。

第一阶段:暖身。这一阶段是团体成员初步建立信任的过程,组织者要帮助成员相互认识,采用简单的活动方式排除他们的焦虑、恐惧、不被他人接纳的顾虑,建立开放、轻松、融洽的氛围。第一阶段还需要制定团体活动规则,以便后续活动的开展。

第二阶段:认识问题。这一阶段是在前一阶段成员之间形成相互了解、相互信任的基础上,调整成员间的人际影响效应,通过活动的互动反应,让成员之间进一步认识,在过程中可谈论自己的心路历程或发现别人的问题,得到别人的理解、支持,甚至可以讨论问题表现、利害之分、成因等内容。

第三阶段:克服障碍。这一阶段是在认识问题的基础上,使团队成员进一步加强凝聚力,寻求问题解决之道,激发成员反思能力,改变困难意境中的固有思维和片面认识,提升抗挫折能力,重新建构理性思维。

第四阶段:收获总结。这一阶段是活动的质变阶段,组织教师要带领成员有计划、有目的地回顾本次团体心理辅导活动历程,从建立信任到认识问题,再到如何去克服障碍、解决问题。每一阶段成员学到的知识有哪些,技能有哪些,美好的或者不好的回忆都可分享、反馈,让学生掌握学习要领,真正融入日常生活。

(二)心理情景剧

1.定义

心理情景剧是一种在教师引导下,学生自己编排与表演的校园剧。在表演过程中学生可以通过对演出与剧本的设计,体验一些自己没有感受过的情绪与心理状态,同时也为其他没有参与表演的学生提供参照与思路,使得学生无论是看还是演,都能受到心理教育的影响。

2.发展过程

心理情景剧原本只是被治疗者受益的一种心理治疗手段,由精神病理学家莫瑞努(Moreno)在20世纪60年代创立。后来心理情景剧被引入各大高校心理健康教育课堂中,很好地与研究生德育目标、心理健康教育相契合,有效地帮助学生解决在学习、生活中所遇到的困难、挫折,让学生由被动地接受心理教育转而深入参与、感受心理健康教育,是一种非常有效的教育方式。

3. 优势

校园心理情景剧与用于心理治疗的心理情景剧是有所区别的。它会相应减少咨询师在表演过程中的介入，着重为学生提供一个通过表演解读自己、解读生活、促进心理健康的平台，而在表演结束后，专业教师会给予适当的点评。心理情景剧浓缩了部分研究生在日常交往中的恐惧、自卑、焦虑等现象。研究生可以在课堂上观看剧情，共同讨论一些关系到切身利益的问题，从而引出各方不同的立场。表演有助于学生增强对角色的理解力，提高学生的共情能力。心理情景剧也可以是某个团体成员演出其个人独特的问题情境，其他人可协助其表演。

4. 心理情景剧结构

校园心理情景剧兼顾了舞台艺术和心理技术的使用，在表演过程中更加注重主角、心理和行为反应，以及过程的探讨和问题的解决。心理情景剧的基本结构应为以下四部分：提出问题、分析问题、解决问题、分享感受。

①提出问题：通过演员的表演，交代故事时间、背景、时代特点，引出故事情节。

②分析问题：根据全剧的主要矛盾，分析造成这些问题的原因和各个事件的影响程度及相互之间的关系，通过对造成心理问题的相关人物及事件的演绎，使问题层层铺开，不断呈现矛盾所在，从而探讨这些问题对相关事件人物心理产生的影响，以及他人对问题的看法。

③解决问题：通过跌宕起伏、曲折有致的故事线，故事主角经历、感悟、寻找问题根源和解决问题的方法，最终化解心理危机的过程。在此过程中心理技术的使用要合情合理、衔接自然，结局要有深意，引起观看者的回味和反思。

④分享感受：心理情景剧不同于其他艺术剧目，若要让学生们在情景剧中有所收获，就需要教师带领学生在情景剧结束后进行总结、交流、分享。教师要适当讲解学生们在情景剧中所困惑的点或不了解的心理技

术,还要组织大家一起分享表演、编排及观看过程中的收获,通过这样的形式讨论出更多解决心理健康问题的思路,加深学生的理解,增强学生的收获感。

5. 实施流程

①教师依据课程大纲与进度,提前确定情景剧剧本主题,做好课时安排与教学设计。

②招募学生依据学生生活、学习特点及当下社会现象进行剧本写作。

③挑选演员,完善剧本。

④排练预演,准备道具。

⑤正式表演。

⑥教师点评与总结。

⑦课程主题内容反馈。

(三)素质拓展训练

1. 定义

素质拓展训练是一种以提高心理素质为主要目的,兼具体能和实践的综合素质教育。它以运动为依托,以培训为方式,以感悟为目的。它与传统的知识培训和技能培训相比,多了一些运动中的体验和感悟。

2. 发展过程

素质拓展训练起源于第二次世界大战时期的英国,后由德国教育学家库尔特·汉恩延续发展,训练对象也由海员扩展到军人、工商业团体及学生;范围也由英国发展到世界各地;训练目标也由单纯的体能训练、生存训练扩大到心理训练、人格训练、管理训练。20 世纪 90 年代素质拓展训练被引入我国,2010 年大连学院首次尝试将素质拓展训练应用于学生心理健康素质教育中。

3. 优势

素质拓展训练是一种新式的体验教育,它是对人的思想、心理、意志、品质、能力、身体以及精神的一种磨炼和考验。通过模拟训练、团队合作、临场应变力的激发,让学生从心理上战胜各种困难、焦虑、怯懦和挫折;通过挫折教育培养他们坚韧不拔的毅力和挑战精神;通过关爱教育培养他们的人际交往能力和融入社会的能力,最终使其精神层面得以升华。在信息化智能时代,素质拓展训练可使过分迷恋网络世界的学生从虚拟世界走向体育场、文化馆,锻炼体质、加强文化修养。

4.实施要求

①师资要求:素质拓展训练与传统课堂教学有着本质区别,并非所有教师都适合拓展训练工作。素质拓展训练涉及体能、教育、心理、医学等多学科内容,且偏向技能训练,所以该项教学必须由拥有专业知识和训练能力的教师担任。若教师资源有限,可事先对心理专业教师筛选、培训或聘请专业教练开展教学,逐步培养专业素质拓展训练师。

②场地、器械:素质拓展训练所使用的场地、器械、道具等是一般体育教学设施无法保障的,所以专业场地和专业器材是素质拓展训练的基础,包括高空训练场地、地面训练场地、水上训练场地。素质拓展训练至少要包含13个高空项目和13个地面项目,以便丰富学生活动内容。

③学生安全问题:在素质拓展训练中,项目多为富有挑战性、刺激和具有危险性的训练,存在很多穿越、上升、跳跃、下降的动作,难免会在训练中出现学生受伤的情况,所以学生安全问题是首要的。我们要从源头保证场地和器械的安全性,场地地面要有配套安全垫,使用器械要选购自正规厂家,有产品检验合格证明,同时还要配备相应的安全保护装置,确保学生安全。

④课程体系建设:根据立德树人的根本任务和学生特点,素质拓展训练课程体系应以围绕学生发展性和预防性的心理引导,建设不同层次的课程。通过设置合理的课程模块和具体的课程内容,提高学生对所面临的问题的认知,具体解决学生的各种困难和难题,提高心理健康教育的针对性。

5.实施流程

①主题目标确立:要符合课程体系建设内容,明确活动目的。

②组织开展活动:活动开展前先向学生讲解场地设施器材的功能及

安全装备的使用,然后带领学生分组进行简单的"破冰"活动,创设活跃的氛围,搭建人际互动基础。

③项目体验:围绕主题,选用合适的项目设施让学生尝试体验,以行动为导向激活学生感知觉机能,改善大脑与肢体的协调性,提高参与活动的积极性与团队协作能力。

④挑战极限:通过结合"四史"故事,设置一系列新颖、刺激的情景,让学生主动去体会、解决问题。在参与体验的过程中,让他们的心理受到挑战,思想得到启发,在特定的环境中去思考、发现、醒悟,对个人、团队重新认识,重新定位。

⑤主题升华:教师对学生的分享和交流加以总结,帮助学生进一步理清体验中获得的技能和知识,并引导学生将所学的知识迁移到日常的生活、学习、工作中,形成知识外化。

三、信息化教学

信息化的心理健康教育是在建构主义学习理论基础之上,通过信息现代化技术手段组建的心理健康教育优势化服务。信息化与心理健康教育的结合,大力推进了心理健康教育深层次的科技应用及内容创新,具有信息互换、知识互动、资源共享、服务及时等优势特点,更重要的是打开了以往单以学校为主的心理健康教育工作局面,突破后疫情时代学生心理健康教育的空间与时间局限,拓展了线上心理服务内容,提高了学生心灵开放程度,所以心理健康教育信息化是现有校园心理健康教育手段的有力补充和完善。

(一)慕课(MOOC)

1.定义

MOOC是一种大规模在线开放课程,意味着参与学习者的数量、规模是庞大的,且教学资源免费向所有人开放,没有时间、空间上的限制,学习者通过网络自主学习,主要教学环节以在线形式进行。

2.发展过程

MOOC,2008年兴起于"联结主义学习理念"。2012年开启MOOC时代,全球各大高校纷纷加入MOOC教学,甚至相关运营商也逐步涌现,如网易公开课、大学生MOOC、果壳网。2014年MOOC进入"后MOOC时代",我国很多教育学者从关注MOOC的数量逐步过渡到质量上,从关注MOOC内容静态化知识呈现过渡到流动性上。

3.优缺点

MOOC方便学科知识的创造和分享,对推动开放教育形成积极的影响;方便学习者使用和学习,学习者可通过各种合法绿色网络通道对知识内容进行浏览;同时降低了学习者的门槛,打破行业、学科、专业间的壁垒,便于学习者自主化学习,掌握进度。但是MOOC也存在一定的问题,课程课时、时间设置差别较大,对于一些冗长课程学习者的脱落率较高;MOOC技术平台需要专人管理,教师很难准确把握课程考勤情况;对于学习者的学习效率评价,很多MOOC并未提供学分认证;更重要的是MOOC资源虽然丰富,但是知识的传递依旧停留在以知识为中心的理解上,忽略了学生个性化学习和探究性学习的过程。

4.MOOC结构的建设

心理健康教育是研究生思想政治教育的一大渠道。高校心理健康教育课程应及时响应国家对高校学科课程的思政改革,积极推动MOOC精品教育资源的共建共享,主抓MOOC质量,依照党政思想对已有心理健康课程进行升级,着力形成完备的MOOC体系,在平台建设、资源使用、创新实践等方面研究探索,构建既符合思政课教学要求的属性又体现心理健康教育的独特性的课程。这样的心理健康教育MOOC,其体系结构应当是完备的,包含课程概要、主讲教师介绍、第三方平台及团队介绍、内容资源、讨论探究话题、活动通知、评价反馈、学习成果认证等。

①课程概要:这一板块包括课程介绍、课程性质、课程目标、课程内容、教学方式、考核方式等内容,让教师明晰教学方法的选择、教学组织形式的确定、教学手段的应用,为实现教育目的、培养全面发展人才提供基

本保证。

②主讲教师及第三方平台团队介绍:百年大计,教育为本;教育大计,教师为本。教师是立教之本、兴教之源。教师的理想信念和道德情操在一定程度上影响着学生的行为规范。对教师资质和教育平台质量的规范化,有利于学生心理健康教育从源头得到保障。

③学习成果认证:MOOC 学习后的成果认证及认证方式是学习者最关注的问题,当前 MOOC 认证分为两大类:学分认证和非学分认证。教师可依据课程目标和课程性质自由选择,对学生学习结果做出合理认证。

(二)SPOC 教学模式

1.定义

SPOC 教学模式是在多种理论指导下,高校运用网络平台和媒体设备等工具,在充分保障学生主体地位的前提下,对在校生进行的小规模、有限制性的互联网与传统课程模式的混合教学,最终实现优化教学目标的一种教学方式。

2.发展过程

SPOC 产生于"后 MOOC"时代,它是对 MOOC 的继承、重构与优化。

3.优势

SPOC 的教学优势在于教师能够对学习者进行大数据智能化学习行为的管理与分析,注重学生学习过程,因材施教,精细化培养;为学生提供完整的学习体验,利用 MOOC 规模效应分摊教学人均成本,优化"教"与"学",注重本土化、校本化学习;教师在使用上更为灵活,可结合混合教学、在线学习、翻转课堂等模式教学,增强与学生的互动性。

4.适用条件

课程人数的限制一般在 $10\sim100$ 人。对选课学生的准入条件进行限制,对达到课程要求、通过资格审核的学生开放。

5.实施流程

SPOC 教学模式强调教师的主导作用和学生主体地位的有机统一,

它构建的环境是对原有学习环境的扩展,并将数字化学习构建的环境优势与传统教学所衔接,换言之就是"课前预习＋课上内化"。SPOC 虽是 MOOC 的继承与优化,但在实施流程上却与 MOOC 截然不同,对课程建设的要求也的更加严格。

①课前准备:首先,组建 SPOC 课程制作团队,选用有一定能力的网络技术人员或相关专业的学生,以此满足 SPOC 教学对互联网技术和信息支撑的需求,以及师生对教材知识的立体化需要。其次,教师在开课前实行课程限制性准入,为特定专业开课学生提供课程准入密码。再次,教师需进行课前分析和课程资源设计。课前对学习者预备知识、学习特征、学习风格等内容进行分析,以便了解学生的差异性;课程资源设计要根据学习目标、学习内容、学习者情况对各部分学习目标进行细化,在保证学生顺利完成学习目标的情况下,结合学科特点进行教学内容的设计,确定线上自学内容和课堂交流部分。

②课前预习:教师根据教学进度,事先在 SPOC 平台发布教学资源,包括上传 PPT 课件、微课视频、MOOC、随堂测验等,其中微课视频、MOOC 可由教师团队制作上传,也可引入其他名师优质 MOOC 课程,实现资源共享,课程共建。

③课堂内化:教师在了解学生线上任务的完成情况和讨论的问题时,针对学生课前学习反馈及课前总结分享情况,教师可从教学大纲、教学内容和学习者三个维度进行教学背景分析,从知识技能、过程方法、情感态度价值观三个方面设计每节课的教学目标,重新对本节知识点进行梳理,明确本节教学重难点,设计课堂教学情景,引导学生完成知识建构。

④课后评价:新课改教育观强调教学要从"重结论、轻过程"转向"重结论的同时更重过程",所以课程评价需采用多元评价的方式,有机地把线上评价、课堂评价、形成性评价和总结性评价相结合,给予多种评价机会,鼓励将评价贯穿于 SPOC 教学的各个环节中。其中,线上评价包括线上活跃度、论坛发帖次数和质量、线上测试、作业、学生自我评价和互评等。线下评价则主要由课堂讨论、个人和小组作业及考试成绩组成。只有最终的几部分综合成绩达标后,教师才能予以学生合格。

第七章 研究生心理健康教育提升的对策探索

心理健康教育是一项持续建设的系统工程,作为人才培养体系的重要内容,高校应该顺应新时代发展要求和教育规律,对其进行系统谋划、整体推进、全面实施。基于调查问卷所反映出的问题,根据研究生心理发展的内在规律,本章从目标任务、队伍建设、方式方法、环境建设、自我教育等五个方面提出构建高校心理健康教育的应对措施,对加强研究生心理健康教育有着重要的理论意义和实践价值。

第一节 找准目标定位,强化教育过程管理

一、明确心理健康教育目标任务

目前,研究生心理健康教育工作主要集中在问题的解决、筛查心理疾病人群、个别辅导与治疗等,而提升整个研究生群体的心理素质则处于被忽视状态,针对部分群体的教育显然不符合当前我国教育所提倡的面向全体、全面发展的理念,而无心理疾病就意味着心理健康显然是片面的,一个正确的积极取向的心理健康教育应该立足全体,致力于挖掘个体的心理潜能,发挥学生自身积极因素和建设性力量,提高自我效能感,形成积极向上品质,促进个体与社会共同发展。因此,研究生心理健康教育应该在全面、客观评价的基础上,尽可能多地创设有利的条件,丰富研究生的心理体验,提高研究生整体心理素质。为此建立明确合理的目标显得尤为重要,在这里可以将目标分为三个层次:首先是一级目标,防治心理疾病,增进心理健康。贯彻以预防为主的方针,及时发现有心理障碍和疾

病的个体并开展补救性、矫治性的心理咨询和辅导。其次是二级目标,优化心理素质,促进全面发展。培养学生认知、情感、意志及其他各种个性心理品质,使他们在知、情、意、行等方面与现实的需要之间形成协调适应关系,以实现德、智、体、美诸方面的全面发展。最后是三级目标,开发心理潜能,达到自我实现。引导学生认清自身的潜力与专长,树立有意义的人生目标,承担生活责任,拓展生活方式,培养具有建设性的人际关系,发挥主动性、创造性及作为社会成员的良好社会功能,使自己的人生生活积极有活力。因此,要使广大研究生成为一个健全的、经得起时代考验的社会成员,就必须以培养和塑造积极心理品质为目标,而且只有在此基础上,心理健康教育的过程才是积极的、充满生机和活力的。

二、健全心理健康教育管理体系

研究生心理健康教育管理体系涉及多方要素,为确保学校心理健康教育健康有效地开展,高校必须高瞻远瞩,统筹兼顾、适当安排、突出重点,多措并举,势必提高科学管理的力度和成效。

制度建设。高校要明确并贯彻落实各级教育政策方针,将立德树人,提高心理素质,促进全面发展作为高校研究生教育的根本任务。基本制度即各级政府等行政部门颁布政策、文件及条例所规定的具体任务。具体制度即高校的具体规章制度,对研究生心理健康教育工作环节建立专项制度或规定,如心理健康教育工作责任制、心理辅导管理制度、心理危机预防和干预制度、心理健康教育工作评估和督导制度等。

管理模式。坚持全方位管理模式,构建分层负责、各司其职、协调配合的教育实践机制。即在学校主管领导下,以专任心理健康教育教师为骨干,由辅导员、班主任、班级心理健康委员为主力,以提高研究生心理素质为目标,全体教职工共同参与到心理健康教育工作的全过程,其中以全员心理健康教育和心理咨询为中心。另外可以成立研究生心理健康教育专家指导委员会,主管领导负责研究、规划、视察监督,听取下级工作报告与总结,指导学校的研究生心理健康教育工作,制定相关政策,走访学生,关怀慰问,督促各项工作落地落实。

资源配置。分析研究生群体特点,针对研究生心理需求,专门设置独立机构,设立专门渠道,线上线下同步进行等。同时,组建一支按师生比例组成的专兼职研究生心理健康教育师资队伍,划拨专项经费,定期培训,另外鼓励职中精进、业余进修、理论研究等,提高师资水平,逐渐形成持证上岗制度,并明确规定其工作范围、规范、流程及责任等,实现机构设置、师资配置和学校、学生发展一体化课程体系。以面向研究生全体、全过程育人,落实立德树人为根本任务。研究生课程大致分为专业课程、实践活动课程(专业实践活动、学校日常实践活动、社会实践活动),将心理健康教育纳入学科体系当中,与其他专业学科有机融合,开设创造性课程,以及将心理健康教育融入各个实践活动中,全面提升研究生心理素质,提高心理教育工作效果和质量。

第二节 加强队伍建设,激发育人主体活力

在高校内部,研究生心理健康教育不应只局限于学校心理咨询中心和专任教师,同时也需要各方力量的配合与支持,研究生导师、辅导员、朋辈等都应涵盖于研究生心理健康教育服务体系的范畴。

一、发挥专任教师骨干作用

心理健康教育专任教师在全员育人中处于核心和引领地位,是高校开展心理健康教育工作的主心骨。因此,在队伍建设中,心理健康教育专任教师要充分发挥以下作用。

第一,心理健康教育专任教师应该做好普查、普测工作,对全体研究生心理情况进行整体的掌握,对于心理问题和疾病,既可以筛查出心理健康问题显著人群,又可以筛查出如"阳光型抑郁症"等不易识别的心理问题,从而为心理健康教育的针对性和有效性开展打下坚实基础。

第二,心理健康教育专任教师要充分发挥好心理咨询师的作用。作

为心理健康教育工作者,要向学生传达咨询和辅导工作的保密性和安全性,打消学生顾虑,促使学生愿意并主动表达情绪和需求,全面了解学生情况,对症下药,并对学生的心理健康进行追踪,建立学生档案袋,为学生的回访和问题的解决奠定基础,调节不良情绪,帮助学生疏导和解决心理问题,并逐步提高学生的自我心理建设和保健能力。

第三,作为学校精神卫生健康的协调者,心理健康教育专任教师要加强各级各类教育工作、管理人员的心理健康教育的宣传普及和培训工作。因此,心理健康教育在面向学生的同时,要向辅导员、研究生处、导师等学生教育者、管理工作人员普及宣传心理学等基础知识,避免心理问题和心理疾病被误解为道德品行等问题,提高学校学生工作人员的心理健康教育能力和意识。另外,加强与学生工作者的沟通和交流,一方面全面掌握学生个人情况,另一方面传达心理健康教育工作的精神和主要内容,促进心理健康教育宣传和活动的有效开展和落实。

第四,心理教育专任教师作为校园精神文明建设的引导者,要及时与领导沟通交流,反映学生情况,提高学校的重视程度,加大心理健康教育设施的投入,加强心理健康教育体系建设,拓展心理健康教育方法和途径。

因此,在整个过程中,心理健康教育者要提高自身素质,熟练掌握心理咨询、心理培训等相关专业知识,定期分享和总结心理问题案例,提高实战经验和研究能力。另外,要提高沟通能力、应变能力和学习研究能力,协助领导、教师职工、学生完成学校教育工作,为全校提供良好的心理健康教育氛围,发挥心理健康教育的骨干作用。

二、发挥辅导员主力军作用

在研究生教育当中,除导师外辅导员是与研究生接触最直接最密切的人员,管理学生的方方面面,因此要发挥好他们的"前哨"作用,努力将学生心理危机消解在萌芽状态。

首先,辅导员要提高自身素质。真心喜欢辅导员工作,严于律己,勤奋踏实,尽职尽责,注意自己的言行,保持好的思想和工作作风,以自己的身教来感染学生,潜移默化地影响学生。同时,辅导员应该加强自身理论水平和政治素养,提升思维层次,不仅要有较强的业务工作水平与丰富的思想政治教育经验,还应该主动去了解学生心理状况,学习一定的心理学相关基础理论,掌握心理健康教育的方法,总结积累经验,提高工作能力。另外,学校也应该定期组织开展心理健康教育能力提升培训,助力辅导员全方位学习研究生心理危机的识别、预防和干预技巧,掌握深度辅导过程中沟通咨询和谈心谈话的方法,提升有效防范和化解危机事件的实战能力,同时增强辅导员自我心理调适的能力,引导其树立积极的心态,提高个人修养和职业幸福度,以更好的心态开展育人工作。

其次,辅导员要通过多种形式和途径,开展研究生心理健康教育工作,如转换角色以朋友的身份与学生倾谈,引导学生放下心理戒备,展开深入的交流,也可以借助学生干部的力量对每一个学生的心理状况进行了解,定期对学生心理状况进行普查,同时利用群聊、宣讲、授课等多种方式开展心理知识的宣传教育,提高教育机智这一特殊定向能力,积极应对突发事件,另外,要引导学生积极参与学院开展的活动,也让自己深入其中,与学生互动增进情感,为后续工作的顺利展开打下良好基础。

再者,对于存在疑难或处于心理问题萌芽阶段的学生,要及时帮助他们排解和疏导,而处于较严重的心理疾病患者,要鼓励他们主动寻求帮助,同时第一时间与学校心理咨询教育部门进行对接,并且告知家长,为寻求最有效的解决方法赢得时间。对于那些一时间难以消除心理问题的学生,在平时的学习生活中要予以持续跟踪和真切关爱。

最后,辅导员还要与班主任、行政人员、工勤人员取得联系,多方面地了解学生动态,及早发现问题,并解决问题。

三、发挥导师教育引导作用

研究生教育基本是以导师为核心的小集体自主式培养,研究生与导师之间就形成了一种密切的指导和被指导的关系,因此这种模式下导师便成为对研究生影响最为深刻的人。如何有效地利用导师身份,充分发挥教育示范作用,引导和帮助研究生缓解压力、疏导情绪,建立良好的心理状态就显得尤为重要。

首先,导师应该对研究生进行全方位的了解、指导和帮助。在学术科研方面,采用循序渐进的方式,结合学生的实际水平和能力,以渐进式的方式有针对性地安排任务和学术指导。同时,相比知识的传授,导师应该更加注重学习方法的指导,教会学生如何有效学习和研究,较快进入学术状态,防止和减少因适应不良而带来的精神压力和心理负担,甚至产生自我效能感低等情绪。另外,导师主动向学生传授生活经验、品德学识、为人处世等方面的知识,增强学生认知和意识,注重学生好的生活习惯、思想道德、性格的培养,鼓励学生参与社会实践活动、学校集体活动。就业方面,与学生交流沟通,了解学生动向,对学生职业规划进行指导和帮助。

其次,导师应主动关注研究生的心理健康状况。研究生是一个较为敏感特殊的群体,他们面临的情景是多元的,随着年龄的增长和心智的成熟,他们的顾虑较多,且往往以内耗的方式处理,不愿倾诉,因此导师要主动认识到自己不仅仅是传道授业解惑的老师,也是心理导师。除了具备扎实广博的科学文化知识外,掌握教育理论知识也是教师必备的能力,所以导师应主动学习掌握一些基本的心理学常识,多与学生沟通,有意识地对学生心理健康状况进行追踪,注意观察研究生的心理变化,做到预防为主,预防和调节相结合。凭借角色优势,利用恰当的师生关系,把握谈话技巧,引导学生建立良好的心智模式和价值观念,学会正面积极地应对挑战和困难。另外,对于心理问题较严重的研究生要积极疏导,并建议其主动接受专业人员的心理治疗。

最后,学校强化导师制责任制度,除专业心理咨询师和辅导员外,以规章制度的形式把研究生心理健康教育纳入导师职责范围,在研究生出现心理问题时,导师有责任和义务为学生提供帮助和引导,以及向学校反映或寻求专业人员的帮助。

四、发挥朋辈带动帮扶作用

当学生遇到心理困惑或问题时,同学或朋友是他们寻求帮助首先会选择考虑的对象。对研究生而言,由于不受时间和空间的限制,且同伴群体之间年龄相仿,学历背景相似,具有共同的成长话题、心理特点,使得朋辈间更容易接纳,感同身受,沟通更为轻松便利,形成平等的情感支持,更易洞察学生的不正常举动。所以,可以在班级中选拔学生干部、心理委员,也可以在宿舍中挑选宿舍长,发挥其在研究生心理健康教育中的模范带动作用。学校应定期进行朋辈心理工作培训,让他们明确自身工作职责,增强心理健康意识,认真学习并在本班级宣传心理健康知识,策划学生喜爱的活动,经常和同学们走动,及时发现存在心理异常的同学并提供力所能及的疏导,并第一时间向辅导员报备。对于有严重心理疾患的学生,应帮助他们及时转介心理咨询中心接受专业辅导,还可以协助辅导员做好普查,管理心理档案等相关事宜。因此,朋辈心理辅导是开展研究生心理健康教育的好帮手,且朋辈可以更好地架起师生间的桥梁,有助于提升研究生主观能动性,增强研究生心理健康教育的实效性。

第三节　紧扣突破之点,拓宽渠道创新方法

一、健全心理危机干预机制

心理危机是指一个人在面对紧急情况或困境时,不能运用自身现有的条件、能力和经验来克服困难,从而使当事人陷入不安、痛苦的心理失衡状态,其往往伴随有焦虑、自暴自弃、绝望以及自主神经系统失调和行为障碍等,严重的导致自伤、自残、自杀等严重危险行为。如今研究生面临着多方压力,为了预防和阻止这种极端行为发生及所带来的负面影响,高校必须建立健全心理危机预警干预机制。

首先,高校可以选取信度效度良好,适合研究生年龄特点和心理需求

的心理健康测评量表，对每年新入学的学生进行积极心理品质测评和心理健康问题测评，以期对他们的心理健康状况有一个整体上的把握，建立相关档案，分析学生的积极心理品质发展特点和心理健康的严重程度，快速落实好后续相关工作。对于一般有心理问题的研究生，要及时对他们进行心理疏导，引导他们进行自我调整；对于有严重心理问题的研究生，应该把他们纳入一个长期重点观察的范围，请指定人员与他们保持联络，第一时间告知导师及父母，帮助他们做好监护工作，在危机无法把控的情况下，应及时转介至专业机构治疗并告知院校有关部门。

其次，学校学院各部门应加强完善心理健康教育制度，明确规定每个教育环节人员需要发挥的作用和承担的职责，以规章的形式确保责任落实到位，另外，对研究生中寻求过心理帮助、心理普查存在问题、曾有遭遇意外或打击事件等特殊人群予以特别关照，并建立学生档案袋和回访制度，同时定期开展汇报工作，听取不同专业辅导员、研究生处等工作人员对心理健康教育工作的反馈，掌握学校学生整体动态，不断调整和完善心理健康教育工作，还可以定期对研究生心理健康进行普测，提高检测的效度和信度，落实到"一人一档"，真正做到调动全员、面向全体、集体教育、个别辅导、预防为主、防治结合。

最后，在危机干预过程中遇到比较棘手的环节，如与家长沟通、引导学生主动就医等，向学校的心理辅导和发展中心及时反馈，通过对学生心理危机预防和干预工作的深入探讨，构建"花瓣式"救助模式，即以研究生群体为主体，引导他们树立正确的自评和他评，鼓励他们积极主动寻求外界帮助，同时注重优化家长、朋友、学校工作者等支持体系，力求保护研究生群体的身心健康。

二、注重多学科融合渗透

研究生心理健康教育在各学科教学过程的渗透，既满足各学科教学目标的要求，又是心理健康教育促进学生方方面面发展的需要。因此，高校应打破以往的心理健康教育必须专业化、职业化的固有观念，注重将心理健康教育渗透在学校教育的全过程当中,教师掌握必备的心理健康教育基础理论,并将其内容渗透在学科教学中。

首先,营造健康的心理环境。教师要尊重和关爱学生,和蔼可亲,拉近彼此距离,建立平等和谐的师生关系,使自己成为学生愿意接近的朋友,让学生消除紧张的情绪而产生安全感。同时教师自身需要有一个积极的情绪状态。在教学过程中必须增加感情投入,要有激情、风趣幽默,有较强的感染力,使学生经常可以在课堂中体验到趣味感、轻松感、兴奋感等,满足学生求知欲,激发学习的热情,鼓励学生敢于质疑问难,充分发表个人看法和见解,创设一种民主、良好的心理气氛,增强学生心理建设,不断提高心理素质。

其次,各学科教师要积极寻找本学科的教学内容与心理内容的契合点,将心理健康教育融入其中。如文学、历史、哲学、语言学等社会学科类课程,蕴含丰富的社会认知的鲜明的人文精神方面的内容,可以陶冶学生情操,净化学生心灵,升华学生境界,培养学生积极的世界观、人生观、价值观。数学、物理、生物、化学等自然科学类课程,是建立在实验基础上的科学学科,可以磨炼学生意志,树立严谨态度和科学精神,并使学生形成认真、耐心、细心等性格。音乐、美术、体育等艺体类课程,可以锻炼身心,活跃思维,培养学生耐挫力,陶冶学生情怀,给人一种愉悦和美的享受。

最后,教师要提升自身心理健康水平。积极参加培训,掌握必要的心理健康教育的方法和途径,形成科学的教育理念,将其融入教学实践当中,同时以自身高尚的人格和良好的道德素质去感染学生,为学生树立心理健康的榜样。

三、实现线上线下有机结合

当前,互联网占据信息传播主导地位,已成为研究生查阅资料、了解时事、休闲娱乐、情感交流的重要渠道和途径,他们的学习和生活都已与互联网密不可分。在一定程度反映了抓住网络这个主阵地,就抓住了研究生心理健康教育的关键和命脉。网络教育作为传统教育的补充和延伸,为心理健康教育领域带来较多的好处。第一,补偿性。网络具有传播速度快、渗透性强、灵活便捷、覆盖范围广、信息全面化多样化等特点,能够较大程度上满足不同受众群体的需求,从而有力地弥补高校心理健康工作人力不足、群体覆盖面不全的问题。第二,即时性。网络能够打破时空的限制,研究生可以寻找适合自己的心理咨询服务和疗法。第三,保密性。网络具有匿名性,起到保护隐私的作用,从而打消研究生面对面心理咨询的尴尬和疑虑,以更真实开放的心态表达心理问题,也使得心理咨询师能够客观分析问题,实事求是地提出解决对策。因此,学校要注重利用和发展网络心理健康教育,为学生提供良好的平台,如可以推行慕课、微课、翻转课堂等新型教学模式,对传统教学模式进行重构,增强学生的兴趣,提高学生的参与积极性,同时又能够让学生充分利用碎片化时间。高校还可以通过社交媒体软件、视频网站等平台,如微信公众号、微博、抖音短视频等定期为研究生推送多元化的内容,如他们关注的教育、就业等信息资源,同时可以恰当地利用心灵影院、音乐赏析、在线虚拟体验、心理测试、在讨论区答疑解惑等多种形式,帮助研究生正确认识和评价自我,提高接受心理辅导的主动性。另外,学校要有效开展线上心理健康教育工作,加强规范管理,营造安全有效的网络咨询环境,成立专门小组进行咨询信息的监督和服务解答工作。

第四节　加强文化建设,营造良好校园氛围

一、营造浓厚的学术氛围

第一,高校要加大经费投入,提高教学设备的质量,为研究生的科研工作提供必要的实验室和仪器设备。

第二,高校要建立科学的培养体系。需要在研究生课程设置和教学方法上下功夫,鼓励开设多学科交叉的课程、增加包含新时代、新观点、新内容的课程,使课程具有一定的前沿性、研究性和挑战性。更新教学方

法,采用体验式、互动式教学,引导研究生进行课程专题报告,同学之间探讨和交流。同时,还可以加强人文与科学精神的教育,让研究生务实求真,崇尚科学,锐意进取,以饱满的热情投身于科研中。

第三,开展学术交流活动。良好的学术交流有利于拓宽研究生的视野和知识面,促进自身科研水平的提高。学术交流秉承"请进来,走出去"原则,邀请国内外知名专家来校开展学术讲座,进行学术交流,同时也为学生、教师提供外出学习交流的机会。校内定期开展学术报告会,鼓励学生积极参加学术论坛、学术报告会议、科技竞赛等活动,重视社团组建,鼓励开展各类有益的学术竞赛、科技文化等活动,共同营造良好的学术氛围。

第四,高度重视导师作用。导师与研究生之间的指导与被指导的关系,使得导师成为对研究生影响最为深刻的人。导师的治学态度和学术道德品质将对研究生的学术诚信意识和积极探索创新精神产生直接影响。

因此,导师要以身作则,先修己而后育人,不断提升自己的学术水准,加强道德修养,恪守学术道德规范。同时,要加强对研究生的学术科研指导,做好研究生的科学研究领路人。在构建良好的学术环境时,学校方面要从制度上明确导师的职责,将研究生在学风、学术道德等方面的表现,纳入导师的职责范围之内。加强研究生和导师之间的交流与沟通,构建科学研究的和谐环境。

二、开展多样校园文化活动

大学校园文化活动丰富多彩,是最有生命力、最有说服力的生动教材,是丰富学生日常生活,增强情绪情感体验,进行研究生心理健康教育最常用的形式。校园文化活动能够为学生创设轻松愉悦的环境,是一种人性化的教育氛围,学生通过体验参与,不知不觉中接受活动主题带来的熏陶,让外在的心理健康知识内化成学生价值观、个人素养,提高自身心理素质,进而又外化为良好的行为习惯,同时,活动中人与人的互动也为学生带来身心的愉悦。如今,随着心理健康教育的普及,高校不断开展心理健康教育相关的有益活动,但受多方面因素的影响,活动的开展存在诸多问题和不足,效果并不理想。为进一步发挥实践活动功效,各高校和有关部门必须合理统筹、认真引导与管理。校园文化活动的主题要紧紧围绕心理健康教育,面向全体研究生群体,以心理需要、切身体验为切入点,以校风、学风、班风为引导,尽可能设计形式类型多样,具有针对性、创新性、可行性的活动,扩大研究生活动选择面,能够得到广大研究生的积极响应。因此,校、院两个层级的研究生会可以根据研究生入学期,毕业论文开题、答辩,就业择业期,以及"5.25心理健康活动月""10.10世界精神卫生日"等重要时段的心理需求开展心理专题教育讲座。学校还应扩大体育教育力度,增强学生锻炼的意识,鼓励研究生走出实验室,走进操场、体育馆,通过运动的方式,一方面提高身体素质,另一方面舒缓紧张的神经和压力,改变单一的学习生活模式,做到身心合一。同时鼓励研究生发挥专业优势或个人能力,积极参与"三下乡"、科技服务、公益活动、志愿者服务等实践活动,寻找和体现自身价值,提高自我效能感,从而在潜移默化中正确地认识和评价自我,培养社会责任感。

第五节　加强自我教育,构建有力支持系统

一、提升研究生自我教育能力

研究生的知识层次和水平比本专科学生要高,他们的民主参与意识更为突出,自我管理能力也更强,在培育良好的心理品质过程中,更要突出他们的主动性、自觉性、参与性。同时。要从根源上提高研究生群体的心理健康水平,最终还是要靠他们自身来把控,毕竟自己才是心理健康的第一负责人。第一,研究生可以通过各种途径学习有关心理学的基本知识、基本理论,掌握一些基本的压力应对与情绪管理方法,如转移法、暗示法、投射法等,能够将这些相关理论和方法运用到自我教育中,减少负面

情绪对自身的侵扰。第二,研究要走出实验室,进行社会交往,积极参加研究生院、本学院,党团组织开展的学术、文体活动来磨砺性格,开阔视野,启迪思维,与志同道合的良师益友多沟通走动,增进情感交流,实现优势互补,提高自己的心理品质。第三,研究生要学会主动寻求帮助。当自己遇到无法解开的心结,而又不知该如何处理时,不要钻牛角尖,研究生要主动去寻求外部力量的帮助和支持。一旦得到帮助,解开心理困惑后,他们会对自我有一个新的认知,促进自我心理教育技巧提高。第四,研究生要有意识地培养兴趣爱好。兴趣爱好往往是个性倾向的表征,一个兴趣爱好广泛的人,往往可以很好地自我消解烦恼,使得身心随时保持愉悦状态。自我教育并非易事,需要找到适合自己的方法和技巧,并反复实践—反思—提高。

二、构建校—家—社共育格局

在进行心理健康教育时,仅仅依靠高校的力量是不够的,家庭和社会也应该发挥出应有的作用,构建起由"学校主导,家庭支持和社会服务"的研究生心理健康教育共同体,形成学校、家庭、社会三方联动机制。

首先,由于学校教育是由专职人员和专门机构承担的直接作用于受教者的一种有目的、有计划、有组织的社会活动,所以高校在研究生心理健康教育中所发挥的作用是不言而喻的。既要从管理、服务、教师、环境等方面保障心理健康教育的全方位落实,又要与家庭、社会做好对接,形成协同育人平台。

其次,家庭是我们每一个人从出生到成长重要的生活空间和文化环境,父母的为人处世方式、谈吐举止、教育方式、家庭成员之间关系和睦与否、家庭对事物以及他人的看法、态度甚至经济状况等,都会对学生的心理和言行产生直接影响。同时,家庭以天然的优势在研究生的心理支持中发挥着独特作用,如果在遇到心理困惑或心理问题时,他们可以从家庭成员如父母、兄弟姊妹、配偶等那里第一时间获得强有力的心理支持和精神慰藉,就能有效阻止心理问题恶化。因此,研究生心理健康教育工作的开展需要家庭的积极配合。父母或其他监护人应当树立家庭是第一个课堂、家长是第一任老师的责任意识,注重家庭建设,增加家庭亲密度,学会改变育人观念,重视身教,以正确的理想信念、价值观念去感染学生,营造良好的家庭环境,促进学生的成长和成材。另外,家长也应该经常与老师保持沟通和交流,及时了解学生的在校情况,积极关注当前社会中有关心理健康的热点问题,不断完善自身的知识结构,增强心理健康教育意识,为研究生提供良好心理基础和强大心理支持。

最后,社会在研究生心理成长中的作用不容小觑。研究生的心理健康状况受社会大环境的影响较大,他们比较关注社会,思考自己的前途,希望运用自己所学的知识为国家、为社会效力,实现自身价值。第一,国家应建立完善的市场机制,加大高层次人才引进支持力度,拓宽就业渠道,多途径发布招聘信息等,为研究生群体提供一个公平的就业环境。第二,大众媒体要注重正确的舆论导向,对一些关于研究生群体的新闻进行客观公正的报道,让人们对他们有一个正确的认识,为研究生创造宽松的心理环境。第三,还可以通过社会心理援助专业机构、社会工作服务机构、志愿服务组织和心理援助热线等,为研究生提供心理咨询、辅导等服务,借助网络、电视、广播、报刊等媒介助力宣传科普心理健康知识。第四,社会各领域应为研究生提供学以致用的实践锻炼机会,帮助研究生走出校门,走进社区,利用所学知识服务社会,使研究生在实践中磨砺心智。

参考文献

[1]贺浩华,魏洪义.新农科建设中的人才培养模式探索与实践上[M].南昌:江西科学技术出版社,2021.

[2]孔华.基于新农科建设的高校劳动教育创新研究[M].成都:西南交通大学出版社,2022.

[3]李友军,王贺正,黄明.新农科人才培养理论与实践[M].北京:中国农业出版社,2023.

[4]沈月琴,郭建忠.新农科建设理念机制与行动浙江农林大学一流本科教育改革与实践[M].北京:中国农业出版社,2022.

[5]赵立莹.研究生心理健康及成才发展教育[M].西安:西安交通大学出版社,2021.

[6]门振华,冯秀云,万利娟.大学生生理与心理健康研究[M].西安:陕西科学技术出版社,2021.

[7]崔付荣.大学生生活方式与心理健康的关系及综合评价体系研究[M].南昌:江西高校出版社,2020.

[8]方可,翟玮炜,梁丽编.研究生心理健康与核心心理素养提升教程(富媒体)[M].北京:石油工业出版社,2022.

[9]陈非儿.大学生人文素质教育与健康心理培养研究[M].长春:北方妇女儿童出版社,2021.

[10]王文科.大学生生命与心理健康教育[M].北京:北京理工大学出版社,2020.

[11]李培培,田帅,乌日娜.大学生心理健康教育与心理咨询研究[M].长春:吉林人民出版社,2021.

[12]任琳.基于健康理念的大学生心理发展教育研究[M].长春:吉林人民出版社,2021.

[13]陶文芳.大学生心理健康教育课程改革研究[M].长春:吉林人民出版社,2020.

[14]邓丽芳,王姝怡.新时代研究生心理健康需求:现状与影响因素——基于我国15所高校的调查分析[J].中国高教研究,2023(4):83－88.

[15]李素敏,米志旭.研究生心理健康教育的循证经验[J].黑龙江高教研究,2022(7):96－100.

[16]禹玉兰,全鹏,孙小媛."大思政"视野下的研究生心理健康教育模式初探[J].心理学进展,2024(3):37－42.

[17]郑小琴.研究生心理健康教育:基本原则与体系构建[J].教育学术月刊,2023(3):49－56.

[18]王东平,宋焕,闫震.新农科人才培养模式的研究和探索[J].农业工程技术,2023(2):112－114.

[19]程芳,杨捧,王福顺.新农科背景下农林院校 Python 程序设计课程教学模式探索——评《新农科人才培养理论与实践》[J].林业经济,2023(8):98.

[20]伊惠,杨萍萍,张连芝,等.建立创新实践实验室助力新农科人才培养[J].山东畜牧兽医,2023(3):84－86,91.

[21]关付新.农业强国目标下新农科人才培养的定位和特色[J].高等农业教育,2023(3):33－39.

[22]张亚斌.研究生教育论坛 2019－2020[M].长沙:湖南大学出版社,2022.

[23]肖宇,谭敏,何媛媛.大学生心理健康与人生发展第 2 版[M].成都:西南财经大学出版社,2022.

[24]王静,戴彬,苟婷婷.高职体育与健康教程[M].重庆:重庆大学出版社,2022.

［25］吴汉玲.当代大学生心理健康与全面发展研究［M］.北京:中国原子能出版社,2022.

［26］季浏.体育运动心理学高级教程［M］.北京:高等教育出版社,2022.

［27］崔岭.新时代研究生学术英语综合教程(教师手册)［M］.上海:上海外语教育出版社,2022.

［28］黄国华.新改革新农科:北京林业大学教育教学改革优秀论文选编2019［M］.北京:中国林业出版社,2020.

［29］段留生,何忠伟,董利民.都市型农林高校研究生教育内涵式发展与实践2019［M］.北京:中国财政经济出版社,2020.